拯救未來的我

減少後悔、提升行動力的自我調節心理學

邊池盈（변지영）——著
馮燕珠——譯

미래의 나를 구하러 갑니다
후회는 줄이고 실행력은 높이는 자기조절의 심리학

我們經常忘記自己眞正想要什麼、想成爲怎樣的人。
我們一方面忙於處理自己的待辦事項清單，
另一方面則陷入如購物或追劇等即時滿足的消費行爲，
好讓自己的內心獲得補償。
這讓我們不太能意識到什麼是「眞實的」或「重要的」。

——哈特穆特．羅薩（Hartmut Rosa，德國社會學家）

序

想讓未來站在自己這邊，就得先站在未來那邊

「我很沒自信，需要聽到別人的稱讚，才能把工作做得更好。」

我在進行企業諮詢時，經常聽到三十多歲的年輕人這樣說。大家都渴望在工作中成長、希望自己的能力獲得認可，一旦受到上司的否定，就會心情低落，無法專注於工作。這時，我通常會對那些因缺乏自信而痛苦的人說：

「這和自信沒有任何關係。」

隨著心理學相關知識和資訊的日漸普及，人們對自己的了解越來越豐富，也越來越關心這方面的訊息。但與此同時，一遇到問題，很容易就會歸咎於過去的經驗、父母的教養方

式、性格、自尊自信等原因；或是動不動就給自己貼標籤、合理化自己的行為；每學到一個新的心理學用語，就迫不及待地想套用在自己身上。說穿了，很多人只是換句話說而已，事實上卻一直被困在原地，問題依然沒有解決，因為根本沒有正確地定義問題，自然找不到解方。另一方面，現在的你確實比過去強大，比自己想像中更有力量面對問題。因此，不要被眼前的問題蒙蔽，應該多多思考，追求更多價值。

再回過頭來談談前面提到的自信吧。

「要聽到稱讚才能把工作做好嗎？」

「是啊，如果主管能說一句『做得很好』，我就會更努力。但不知道為什麼公司主管這麼吝於稱讚和鼓勵。」

「原來如此。不過我想請問一件事：你是為了得到稱讚才進入這家公司的嗎？」

「什麼？」

「對你來說，聽到稱讚、心情變好比較重要，還是學習、成長和加強自己不足的部分，讓工作表現得更好比較重要？」

「我當然也想多學一點、多成長一點啊！」

「那麼，即使會很辛苦，還是要不斷從錯誤中學習，對吧？」

「……」

「雖然現在心裡覺得不愉快，不過別把焦點都放在那裡，這樣會讓你無法看清事情的前因後果。想要成長，就要先打破自己的一部分、騰出空間，才能容納新的東西。任何學習都不是輕鬆就能得到成果的，主管給予多少指正，你也相對地能學到多少東西。」

「話是沒錯，但至少可以用鼓勵的方式教我吧？」

「有可能是因爲每個人都在努力奮戰，導致資源不足的緣故吧。不論是稱讚、鼓勵、同理，這些都需要更多的認知和努力。」

「所以我要一直忍耐嗎？」

「並不是這樣的，我希望你能從整體的脈絡來看。即使經歷相同的情況，目標不同，產生的感受也會不同。如果你的目標是聽到別人說自己『做得很好』，那麼當對方沒這樣說時，你就會覺得很痛苦；但如果你的目標是獲得進一步的學習成長，那麼當下是否得到稱讚，就沒那麼重要了。而且你也能以寬容的態度面對他人給你的評價，自然就沒有理由覺得痛苦了。」

「所以眞的不是自信的問題嗎？」

「我認為，更重要的應該是確認人生中真正重要的價值是什麼，並決定如何行動。」

不管是苦惱心累，還是渴望未來、追悔過去，這都是因為我們心裡有想要的生活願景。大家有辦法具體想像五年、十年後自己的模樣嗎？未來的我和現在的自己有哪些地方相似，又有哪裡不同呢？

如果我們沒有關於**「未來我」**（future self）的想像，很容易就會以為自己經歷的一切就是全部。我們經常忙於應付不同時刻的不同狀況，也經常錯失事物真正的本質，導致做出錯誤的判斷和決策，並對未來的自己帶來不利的後果。**如果不將「未來我」納入考慮、釐清想法，找出更重要的價值和生活目標，就很難做出有效的決定**。我們可能會逃避一切討厭、不方便的事物，只想追求現在覺得舒適、好的東西。

事實上，就連自信或人際關係等乍看之下與「決策」無關的問題，也會受到與未來相關的「選擇」和「目標」影響。如果不能具體察覺這些問題之間的關連，只憑著心情好壞感情用事，累積的後悔就會越來越多。人們總有許多想法，但要不是難以實踐，就是錯失關鍵核心，這些都是「自我調節」（self-regulation，指個體透過各種努力，有意識地調節自己的行為）不足的現象；自我調節不但與自我管理有直接相關，也與同理心有很深的關連。

自我調節就是對「未來我」的同理

二〇一六年十二月七日，著名科普作家艾德．楊（Ed Yong）在《大西洋》雜誌發表文章，觀點很新穎，並引用了最新的研究結果。文章中指出，在心理學中，「自我調節」是來自額葉保持冷靜的功能；而換位思考（perspective taking，即心理學上所說的「角色取替」）或同理這種理解他人內心的能力，則是顳頂葉交界處（temporo-parietal junction）的功能。

但有些學者主張，將他人當成自己來理解的這種能力，與感受未來我的能力非常類似，因爲焦點都是從「現在的我」轉移到「現在的他人」或「未來我」，使得大腦表現出類似的活動。文章中還提到，這種能力越活躍，越能對未來我產生更多的同理，使得自我調節的能力也隨之提高。但事實上，這兩件事在心理學中分屬不同的研究領域，用「同理」來闡釋「自我調節」仍不是大家熟悉的方法——當然，這確實是個值得探索的主題。

越能同理「未來我」，自我調節的效果越好？

這麼說來，目前我（current self）和未來我的關係，不正是能讓人生更充滿智慧的關鍵嗎？本書便是由此發想而來。在艾德．楊發表上述文章的二〇一六年左右，關於這個主題的相關論述並不多，還不足以寫成一本書。但過了七年，腦科學研究已陸續累積了許多成果，讓我們得以擁有更清晰的理解。

爲了那些一直努力生活，但仍有許多悔恨之事，或是空有想法卻無法付諸實踐的人，我寫了這本書。我想告訴大家，如何藉由對未來我的意象和思考，減少悔恨、提高行動力。**只要把未來我當成指南針，就能有效選擇並實踐現在該做的事，好讓自己在未來獲得更滿意的生活。**

拯救陷入困境的未來我，是目前我的職責，並會左右今後的生活和命運。**人類很難總是深謀遠慮，只做從長遠來看有利的事，但如果我們能將未來我放進現在的生活中，那麼現在所做的事，就有可能成爲拯救未來的契機；而未來我也能成爲推動目前我的力量。**

如果現在的你正爲了什麼苦惱，不妨反問自己：

一、這個問題對於五年後、十年後的我有什麼意義？

二、爲了減少後悔，現在的我該如何規畫和選擇？

這兩個問題的解決方法，就包含在本書之中。第一部將從心理學的角度，說明我們是如何思考未來的，並了解如何將心中的想法變成現實，以及實現目標應具備的意識和策略；第二部則是針對擅長計畫卻無法實踐的「專業決心者」（韓國年輕世代的流行語，「專業○○者」意指擅長特定行動的人），介紹自我調節的概念和方法。讀完本書後，希望各位能覺得自己的未來更具體，也能爲當前的問題提出更明確的解決方案。

未來離我們並不遠。從現在開始，讓我們一起具體感受未來，了解現在該如何行動。

你準備好面對未來的自己了嗎？

CONTENTS

CONTENTS

CONTENTS

CONTENTS

CONTENTS

CONTENTS

CONTENTS

第一部

減少後悔的預測

人是一種時間性的動物。沒有一種體驗是只關乎當下的，所有的經驗都包含了過去的記憶，以及對未來的嚮往或預測。在智慧型手機尚未出現前，許多人將生活視為從過去到未來這段風景中的「旅程」。然而現代人的生活一天比一天艱難，別說未來，就連下週會怎麼樣也很難預測。「現在」被壓縮得越來越短，必須迅速思考、馬上選擇、立即決定；卻也使得「現在的問題」越來越大，導致不滿或後悔，甚至影響到自我調節。如果能與未來我緊密連結並培養遠見，會有什麼改變呢？

第一章

未來已來

對未來的想法驅動了現在。
最佳的未來預測是「自我調節」。

人們最常思考什麼？是回憶過去的美好時光，還是惋惜過去的不幸？意外的是，人們思考未來的時間比追憶過去多了二至三倍之譜。有研究顯示，人們平均每十五分鐘就會思考一次未來。

毫無例外的，人們每天都在推想此刻之後的未來：「便利商店有賣那個嗎？」「網購商品應該這週就會到貨吧？」「看部長的表情，今天的會議又搞砸了，該怎麼辦？」「他怎麼一直已讀不回？不想回我的訊息嗎？」「下個月是不是要體檢了？」諸如此類，耗費許多時間在各種對應他人或外在環境的想像和推測上。

這種提前預測會對我們生活中的選擇和決定產生很大的影響。為了避免出錯，為了得到預期的結果，我們宛如時空旅人，隨時穿梭在未來和過去之間。要是曾有類似經歷，就會以經驗為基礎預測未來；若是未曾親身經驗，就會以他人的經驗或書籍、電影、電視、網路等獲得的訊息為根據做出假設。不論大小，我們所做的每一項決定，都會帶給未來我各種正面或負面的結果與情緒，這使得我們經常對看不見的未來感到不安或煩悶——畢竟沒有人喜歡後悔。但就算能準確預測未來，真的就能做出更好的選擇和決定嗎？該怎麼做才能辦到？

選擇產生的負面情緒——後悔

所謂的後悔，是指對過去做了或沒做的事感到遺憾的情緒。當選擇帶來的結果並不如預期時，我們會覺得不舒服，尤其是當我們知道自己必須對後果負責，且一切無法挽回時。這種感覺可能是悲傷、失望、遺憾，有時還會產生罪惡感及悔恨。當人們認爲過去的某個決定出了錯，就會經歷這些情緒。

當我們拿自己「做過的事」和「應該做得到的事」加以比較，意識到自己並未做最好的選擇時，就會感到後悔。後悔是一種非常特別的情緒，常與決策連在一起。諸如悲傷或憤怒等大多數負面情緒，會在未經選擇的情況下經歷；但後悔只有在「選擇」的背景下才會產生。換句話說，沒有選擇，就沒有後悔。

生活中最常經歷的負面情緒是什麼？孤獨？悲傷？憤怒？令人驚訝的是，根據研究結果顯示，人們最常經歷的負面情緒是「後悔」。

這是一項根據人類感受負面情緒的頻率和強度所進行的研究，在不考慮年齡、性別、種族、國家、宗教、社會地位等條件的情況下，找出人類經常感受到的負面情緒，包括不安、失望、恐懼、罪惡、悲傷、後悔……其中最強烈的就是後悔。人們會反芻那些令人後悔的經歷，試圖理解其中的意義。

早知道就再用功一點、早知道那個時候應該換工作才對、早知道就再多賺一點錢、早知道就該對父母更好、早知道就不要跟那個人來往……金錢、健康、家庭、宗教、休閒、朋友、戀愛、工作、教育等，人們後悔的對象不一而足，但我們最常對什麼感到後悔呢？

在心理學中，「如果當時那樣做」或「早知道就不那樣做」等提出與事實相反的假設想法，稱為**「反事實思維」**（counterfactual thinking）。美國西北大學心理學家尼爾．羅斯（Neal J. Roese）是此一領域的佼佼者，他蒐集關於後悔的現有研究，並進行統合分析。結果顯示，對美國人來說，最令人感到遺憾的是教育和學習，第二是工作和職業，第三則是戀愛。在各項研究中可以看到，選擇範圍越大的領域，得到負面結果時，就越會感到後悔。接受什麼樣的教育、如何學習、怎麼選擇第一份工作、和什麼人談了場怎樣的戀愛……這些都是影響生活的要素，同時選擇的範圍都非常廣。當然，每個人都有自己的困難或局限，但依據當下選擇不同，結果很可能天差地別，更會使人們因此後悔。

後悔的功能

荷蘭提堡大學（Tilburg University）心理學家馬歇爾．澤倫伯格（Marcel Zeelenberg）對後悔的體驗特別感興趣。他對於人們為何如此頻繁地經歷後悔，以及後悔為何會比其他負面情緒更強烈感到好奇，並進一步研究它對決策的影響。

澤倫伯格認為，後悔本身也有功能。解釋得更清楚一點，**後悔具有督促人們在未來做出更好決策的功能**。依據他的說法，當我們憶起過去的痛苦時，它能幫助我們從錯誤中學習，讓人們對自己和周遭世界有更深的理解，避免遺憾再次發生。

後悔有些很有意思的特徵，其中之一是人類並非只會對過去感到後悔。在做出決定前，可能會「提前感到後悔」，也就是「預期後悔」（anticipated regret），例如堅信「現在要是不道歉，以後一定會後悔」這類的想法。

在面臨要不要做某事的選擇時，我們的思緒會先前往未來的某個時間點，直覺地問自己：「如果做了這件事，我會有什麼感覺？」剛開始可能有點猶豫，但在心裡想過一遍後，如果響起了「很快就會後悔」的內在聲音，想法就會更加明確，並為了避免預期後悔，而決定放棄。相反的，如果過去曾因爲錯過類似機會而感到懊惱，內在聲音就會說：「這次要是不做，又會像上次一樣後悔。去吧！」我們會從這樣的過程中學習，並做出更好的選擇。後悔是人們盡力想避免的強烈情緒，也是普遍發生的經驗，因此會以很多不同方式影響決策。

負面情緒本身有其功能：第一，創造意義，幫助人們理解過去發生的事，並接受不好的結果。第二，除了能成爲讓人更接近理想的動力，也能告訴我們未來該如何行動與準備。第三，避免不如預期的結果、不再重蹈覆轍，並預先在可能的危險和有害的情況發生前建立防護。第四，讓人洞察自己的特質，更清楚理解自身行爲會產生的影響。第五，促進社會和諧。負面情緒會引導我們進行對話，檢視各種關係上的問題，有助於理解彼此的想法和感受。

羅斯的團隊評估了受試者對十二種情緒的想法，以進一步了解負面情緒如何發揮這些心理功能。他們列出後悔、憤怒、不安、無聊、失望、厭惡、恐懼、挫折、罪惡感、嫉妒、悲傷、羞愧等情緒，請受試者就上述五種功能在這十二種情緒裡能發揮的程度，分別給予一到七的評分——這項研究不是爲了了解情緒實際上能發揮多少功能，而是想知道人們對它們的想法。令人意外的是，在十二種情緒中，「後悔」得分最高；也就是說，**人們認爲在負面情**

緒中，最具功能性的就是後悔。它能幫助我們理解過去事件的意義、準備面對或躲開各種狀況、洞察自己的特徵和行為，或是為了更順暢的人際關係而努力。

越想越後悔

雖然後悔具備各種功能，但要是過了頭，帶來的副作用可也不容小覷，一不小心就會習慣成自然：「後悔」本該成為動力，讓人做出更重要、更有價值的選擇，但有些人卻會過度耽溺於後悔中。

有沒有更好的應對方法呢？有沒有所謂「最適度」的後悔呢？心理學家解釋，對於已完成的選擇或不可逆轉的結果，人們所採取的應對方式，同樣會影響到日後遺憾的程度——**不是因為產生了什麼結果，而是人們看待結果的態度**。如果你是個習慣性後悔的人，請仔細留意以下的內容，將有助於改變後悔的習慣。

美國斯沃斯莫爾學院（Swarthmore College）的心理學家貝瑞．施瓦茨（Barry Schwartz）稱追求最大滿足，並始終堅信自己的決定最佳的人為「最大化者」；反之，只追求最低限度的要求，並對自己選擇的結果普遍感到滿意的人，則稱爲「滿足者」。

他在幾項研究中發現，與滿足者相比，最大化者在選擇時會花費更多時間和精力。爲了做出最好的對策，這些人願意花更多能量、時間和金錢；但另一方面，最大化者也認爲這些努力是成本，因此，面對負面結果時，他們所經歷的後悔會比滿足者更嚴重。

做出最好的決策很重要，但不是所有狀況都能這樣，很多時候我們無法隨心所欲地決定。過度執著於做出最佳選擇，反而很容易產生不切實際的過高期望。因爲期待很高，所以最大化者會不斷對自己所做的選擇抱持懷疑。**在做出決策前，懷疑與後悔並無相關；但在決定之後，懷疑會增加後悔的強度**。所以比起滿足者，最大化者更容易產生「如果當時那樣做」「要是當時不那樣做」這類與實際相反的反事實思維。

最大化者把過去的選擇與強烈的後悔連結，認爲自己做了錯誤的決定，因此既無法準確預測未來，對自己當下該做的事也無法盡全力去做，分配時間資源的能力更會因此減弱。

如果你經常感到後悔，那可能是因爲你爲了好好選擇而花費太多時間，或是誤以爲有很多選擇。請記住，**選擇越多時，做出非最佳選擇的可能性也就越高**。

如何才能不後悔？

對於那些在選擇與決定上花費太多時間和精力，卻因爲對結果不滿意，以致經常後悔的人，澤倫伯格提出幾項建議：

第一，一旦做出選擇，就要降低對結果的期待。第二，想做出好的選擇，必須經過充分思考，但不要過度算計和用力。第三，應避免糾結於「如果當時沒那樣做，現在就會不一樣……」這種反事實思維。即使發生意想不到的狀況，也最好能接受選擇所帶來的結果，再根據狀況應對變化。有些時候，與其執著於一個設定錯誤的目標，不如把焦點放在調整或改變它。

到底該不該做？是要忍耐著堅持下去，還是鼓起勇氣果斷停損？我們常猶豫不決，苦惱著該怎麼做，將來才不會後悔。當腦子打結、心裡鬱悶時，我們也許會尋求別人的意見，但其他人會比我更能預測自己的未來嗎？這裡要強調的是，**決定人生的，不是「發生了什麼事」，而是「如何應對已經發生的事」**。那麼，該如何才能預測自己未來的反應呢？展望未來與自我理解有什麼關係？

接下來，我們先了解一下「思考未來」的四種方式。

思考未來的方式

由多倫多都會大學（Toronto Metropolitan University）的心理學家卡爾．斯納普（Karl Szpunar）所主持的記憶研究室，專門研究人們對未來的想法和記憶。他認爲，人類思考未來的方式可分爲四種，分別是：

一、模擬：在心中詳細描繪未來可能發生的情況或場面。
二、預測：判斷某起特定事件是否發生。
三、意圖：設定目標的心理行爲。
四、規畫：爲達到目標而提前決定並準備。

以下爲各位詳細介紹這四種思考未來的方式。

方式一：模擬

想像某事的發生、他人的心情或遇到的狀況、遇到某人時會產生的感受和經歷……都是模擬。不只是未來，說明已發生的事情時，我們也常在腦中描繪出當時的情況，這也算是模擬的一種。

比方說，你正考慮要不要換工作，且剛好收到另一家公司的徵才邀約。這時，通常會先去了解該公司的徵才條件和經營狀況等；在蒐集各種資訊的同時，也會想像如果自己在那裡上班，會是什麼樣子。但如果自己在現職所遭遇的問題也存在於那家公司，而且情況更嚴重的話，我想你應該不會冒著風險跳槽。以過去的經驗和現在的狀況爲基礎進行模擬後，如果預期會變得更好或期待出現更理想的結果時，就會決定轉職。

正考慮要不要繼續和上週剛認識的人往來時，我們也會進行模擬。回想起一開始見面的情景，因話不投機而有些尷尬、不自在；接著想像如果繼續來往的話，可能會發生的狀況，並揣測自己會有什麼感受。當我們整理好這些想法後，才會決定要不要繼續連絡。

無論是實際或想像，心裡一想到某件事，馬上就會像看電影般呈現出來，這需要大腦各區域給予協助——海馬迴尤其重要。

假設我們接到指示，要想像「在溫暖的陽光照耀下，漫步於森林中」的場景。爲了產生這項特定經驗，我們需要在腦中組合相關意象；無論是過去的親身經歷，或是透過照片、電影、圖片等間接的視覺經驗，我們都會藉此體驗「喚起記憶」的過程。大腦中主管「回想特定事件」的核心部位是海馬迴，它會直接參與模擬和記憶的過程，並提供與細節相關的空間脈絡或背景，對創造新的經驗來說，可謂貢獻良多。模擬必須重新經歷或建構過去的事件，而海馬迴具有媒介的能力，因此如果海馬迴出了問題，不只很難形成新的記憶，也很難思考未來的事。

有趣的是，從神經影像研究來看，**人類的大腦在回憶過去和模擬未來時，活躍的區域可說是完全重疊**（包括前額葉皮質、後頂葉皮質、海馬迴及顳葉皮質等），活化的程度也幾乎一樣高。這麼說來，記憶和想像其實就是相同程序的不同解釋，對吧？但事實上很難如此斷定。記憶與模擬之間有許多共通點，這是因爲情節記憶（episodic memory，有關個人生活經驗的記憶）與模擬未來所使用的核心神經迴路是同一組，才讓我們的思維得以穿梭於過去和未來。但在帕金森氏症或失智症的研究中，卻累積了許多即使完全記住過去，卻很難想像未來的案例。近年來，有越來越多關注記憶和模擬之間細微差異的研究，但究竟是程度上或本質上的差異，還需要更多結果來證明。

方式二：預測

預測可說是大腦最基本的工作。就像推測「彎過那個轉角後，會出現什麼東西」；或是聽到遠處傳來車聲時，身體會立刻閃避。我們能透過感官感知事物，並根據環境調整身體反應，都要歸功於大腦的預測功能。**大腦的核心任務不是思考，不是同理，而是預測**。為了生存，我們要預測什麼時候需要多少能量，進而控制身體、分配資源，以便有效進行對生存有價值的活動，這就是大腦的核心作用。所有動物的大腦都是以預測為基礎而行動，無一例外。

大多數動物的預測行為主要針對很短的時間，例如幾秒鐘、幾分鐘後，唯獨人類會進行像「我會結婚嗎？」「今年找得到工作嗎？」「十年後還會住在這間房子裡嗎？」這類的長期預測。

所有動物都一樣，能在遇到經歷過的事情時，預測自己的反應究竟是開心或不悅。在正常條件下，動物會本能地避開會造成不快的刺激，趨向能讓自己愉快的事。不過人類在這方面比其他動物更先進，即使是過去不曾親身經歷過的事，也能透過在腦中模擬來預測自己的反應——只是人們對未來的預測經常常出錯。直到最近，科學家才開始了解大腦模擬未來事件的方式、如何透過這種方法預測，以及經常出錯的原因。

爲什麼透過模擬做出的未來預測會經常出錯？這與「模擬」的性質有關。研究者們認爲，模擬的局限性大致上有以下三項：

首先，**模擬的基礎主要來自人們最容易獲得的記憶，但這種記憶往往缺乏普遍性，無法代表類似經驗**。比方說，過去和某人一起工作時曾有不愉快，日後便盡量避免再與此人共事。但也許當時對方遭遇了什麼困難，或是當下的條件和狀況本來就很惡劣，才造成負面影響。

對場所的記憶也一樣。第一次去某地旅行時，如果天氣很好、與旅伴相處融洽，就會對那裡留下美好的回憶；但如果目的是出差，又不巧丟了錢包，工作也沒能好好完成，以後想必不願再去。換言之，一旦加入個人情緒感受，就很容易將片面經驗誤認爲普遍標準。

其次，**模擬往往只專注於特定關鍵，忽略其他看似不重要的細節**。然而在現實中，正是那些瑣碎的細節才能帶來出乎意料的體驗：原以爲沒什麼大不了的事情變成威脅，美好的期待到頭來卻有可能出包連連。

第三，**模擬在本質上是一種「壓縮」，它展現出來的並非漫長詳細，而是簡單粗略的**；尤其模擬的重點多在未來經驗的初期形態，所以不會考慮隨時間推移可能發生的變化。舉例來說，雖然可以想像升遷後高興的心情，卻很少會注意到隨時間增加的工作負荷或業績壓力；儘管期待搬到更寬敞的房子後，會住得比較舒服，卻未考慮到打掃和整理的辛苦。

我們的預測大多依賴模擬，但模擬有其局限，預測會出錯也就理所當然了。下一章會再對此做詳細說明，接下來我們再看看第三種方式「意圖」。

方式三：意圖

意圖是指對未來事件或情況設立目標的心理行為；有了意圖，才有計畫和執行。有時不需要有很強烈的意圖，就能輕鬆地執行完畢；但有些時候，無論有多麼強烈的意圖，到最後還是沒能實行，結果不了了之。這兩者之間究竟有什麼差別呢？

為了說明意圖和執行之間的區別，紐約大學心理學教授彼得．戈爾維策（Peter Gollwitzer）將意圖分為「目標意圖」和「執行意圖」兩種。目標意圖涉及「期望的結果」，也就是想達成的目標，例如：「我要實現○○！」執行意圖指的則是在「特定情況」下所採取的行動，例如：「如果出現○○情況，我就會做□□！」換言之，執行意圖是將何時何地、做什麼、怎麼做整合在一起。例如：「每天下班回家後，放下包包，換上運動鞋出門，到公園快走一個小時。」把各種條件和行爲串在一起，成爲有順序的連結。因此，一旦開始一項行動，就會很容易進行下一項行動。

意圖與前瞻記憶（prospective memory）有直接關係。前瞻記憶指的是「記住在未來某個時間點要做的行爲」，也被定義爲「及時執行（先前所形成的）意圖的力量」。人們之所以能做出符合目標意圖的行爲，正是因爲前瞻記憶。如果前瞻記憶停止運作，我們很可能會走路走到一半，突然停下來喃喃自語：「我現在要去哪裡？」

執行意圖把條件和行爲連結在一起，具有增加前瞻記憶容量的效果。例如按時吃藥、刷牙後使用牙線等，有助於記住容易遺忘的健康行爲；而這也能讓我們更願意去做那些不怎麼心甘情願的事，例如運動、學習、調節飲食等。下一章的內容將更進一步帶我們了解如何做到這一點。

方式四：規畫

你需要規畫，才能及時完成想做的事。所謂的**「規畫」，是指以「做完A之後做B，接著做C」的方式，事先爲實現某個目標而決定必須執行的一系列行動。**關於規畫的心理學研究多半側重於額葉功能。研究發現，額葉受損的人往往難以制定計畫。神經影像研究表明，制定計畫時所需的大腦神經迴路與進行模擬所使用的神經迴路是相連的；而模擬時所活化的區域正是眾所周知的「預設模式網路」（default mode network, DMN），指的是一個人在休息或執行不需要太多注意力的任務時所處的一種腦部活動模式。

預設模式網路的概念最早是由神經科學家馬庫斯．賴希勒（Marcus Raichle）於二〇〇一年提出的。身為聖路易斯華盛頓大學醫學院放射學研究所神經影像研究中心主任的賴希勒發現，人的大腦在未遇到問題時很活躍，碰到問題或任務時，活動力反而會減弱。在資訊科技相關用語中，「預設」指的是使用者未下達命令時，自動輸入的基本數據或條件；就像大腦某些區域在未執行特定任務時，並沒有就此休息，反而呈現如機器內部的「待機模式」般，因此才會稱為「預設模式網路」。這些區域包括內側前額葉皮質（medial prefrontal cortex）、後扣帶迴皮質（posterior cingulate cortex）、內外側顳葉和頂下小葉（inferior parietal lobule）等。

但預設模式網路並不代表只有休息和等待。不論在所謂的「放空」或腦中各種浮想聯翩時，或是思考自我、回憶過去、想像未來時，又或是進行聚焦於內在的認知任務時，預設模式網路都會變得活躍（但一般認為，預設模式網路的活化與非有意產生的想法有關，而與目標導向的認知任務無關）。

回憶過去、預設未來或推測他人的心情，都涉及預設模式網路的活化。但與實驗室裡的老鼠因期望食物掉出來而按壓槓桿不同，**預設模式網路不只是為了獲得即時回報，它還能預先思考並準備未來**、**讀懂別人的心思**、**促進社會合作**。預設模式網路的活動與額頂葉網路（frontoparietal network）非常緊密，兩者的連結是人們在預測未來狀況的同時，制定並執行相應計畫的神經學基礎。

回憶過去，模擬未來

模擬、預測、意圖、規畫這四種方式既互相連結，有時也會同時發生，而將它們連結在一起的核心與關鍵就是「記憶」。值得注意的是，**模擬並預測未來事件所經歷的神經歷程，與回憶過去是相同的**。換言之，如果我們無法想起過去經驗過的事件或其意義，就無法順利啓動模擬與預測未來的機制；想揣摩他人心思或擬定解決問題的計畫，也會變得困難重重。這正是爲什麼過去的記憶與對過往的理解非常重要。

進一步來說，比起「正確的記憶」，更需要「明確的理解」，因爲我們雖然無法改變過去已發生的事，卻能改變對這些事件的解釋。尤其是**面對未來的方式，將會對如何理解現在產生決定性的影響**。若能順利朝著未來的目標邁進，那麼即使現在遭遇困境，也不至於帶來太大的壓力，而過往的經驗就能成爲珍貴的教訓。但如果對未來不抱希望，就會覺得自己的生活充滿錯誤——未來若是一片黑暗，就連過往與現在都會暗無天日。我們對未來的思考就是這樣塑造現在。依「未來我」和「過去我」的連接程度不同，當下的心理狀態也會有所不同。

人類大腦就像一部「預測機器」，時時刻刻都在推測未來，並透過擴大或減少對輸入訊息的感知和判斷來修正，而修正的準則就是過去的經驗。因此，如果不特別注意，我們很容易不斷執著於某段經歷。尤其是受到強烈的情緒或想法所驅使時，視野會變得狹窄，使我們更激烈地追求或迴避某些事物，卻反而困住自己。人類之所以能意識並掌握新事物，得益於過去的經驗和記憶；但諷刺的是，正因爲經驗和記憶的不平衡，使得我們經常以扭曲的方式接受新的訊息。憂鬱症患者會不斷想起過去的負面經歷，正是與他們覺得將來也會發生類似的壞事，並產生負面預期有關。

因此，用來治療憂鬱症的認知行爲療法，就是試圖透過掌握「災難化」（例如：我又開始緊張了，這次簡報一定會完蛋！）或「過度類化」（例如：A拒絕了我，B也拒絕了我，所有人都討厭我！）等一般人固有的思考模式，以再結構性方法進行治療。認知行為療法幫助人們以清晰的視角認清事實，而不是透過被過去經驗扭曲、弄髒的目光。

能驅動現在的未來

沒有過去，就沒有自我；沒有未來，就無法對自身產生認同。未來想成為什麼樣的人，現在就要決定如何行動。未來會為現在指引重點和方向，告訴我們現在什麼是重要的、需要的，好縮小選擇範圍。換句話說，**未來是生活的嚮導，點出意義和目的**。

要接受哲學家們「只有當下才能體驗，所以我們必須扎實地活在當下」的信念有點困難。我們在每個瞬間所經歷的一切，其實都是過去和未來的產物；即使彼此所處的環境相似，經驗也不會完全相同，這取決於各自的記憶和期待、欲望和信念、追求的價值和目標。

現在是對未來的即時因應，也是對過去經驗的再詮釋。不管我們是否意識到，對未來的想法都會引領並創造現在。因此，現在的想法、行動、判斷、選擇、情緒等都會在無意中造成很大的影響。

但我們不但沒有正視並認真檢視這些影響，反倒忽視了它們。未來已來，我們卻拚命裝傻，或是一想到未來就覺得有壓力而逃避它。未來時時刻刻都在改變現在，要好好規畫還是放任不管，完全取決於自己。

- 有什麼方法能與未來的自己建立更好的連結？（第二章）
- 如何讓願望成為現實？（第三章）
- 為什麼思考和努力令人覺得吃力？（第四章）
- 有沒有可能以更少的努力實現想法？（第五章）
- 如何才能做出更好的選擇與決策？（第六章）
- 如何建立對自己的信任？（第七章）
- 如何善用挫折或失誤的經驗？（第八章）
- 想依自己的想法前進，但又不想後悔，怎麼辦才好？（第九章）

帶著這些問題，我們將踏上旅程，逐一找出該如何運用對未來的想法做出更好的決定，以及行動的依據和線索。接下來，我們先認識一下「未來我」，並了解如何與之連結。

第二章

與未來的自己
建立更好的連結

如果能清晰地感受未來我，
就能根據長期目標妥善分配自己的有限資源。

現在手上有點錢，是要換新手機，還是把錢留到明年當旅遊基金？朋友想去吃甜點，節食中的我是要放縱一下，還是忍住直接回家呢？週五要交作業了，是要在今天提前完成，還是先玩到週四，再一口氣完成呢？天氣那麼冷，是要照常出去運動，還是乾脆暫停一次呢？如果想拿到年終，那麼年底前還是得在這裡工作。我該繼續忍受那個主管，還是乾脆跟他攤牌？

在各種選擇面前，我們經常覺得矛盾，想著這樣做會如何，那樣做又會如何，內心傳來各種聲音。大多數的選擇都涉及了會隨時間變化的價值觀，也往往取決於把焦點放在現在或是未來。

比方說，手邊有幾萬元閒錢，如果拿去買新手機，現在的我會很高興；若是留到明年當成旅遊經費，那麼明年的我會很開心。如果和朋友去吃香甜的蛋糕，現在的我會立刻得到滿足；但若嚴守節食計畫、回家吃沙拉，日後的我會感到欣慰。當然，總是以「將來」「以後」「未來」爲考量而選擇未必是對的，應根據狀況，在現在和未來之間尋找平衡點。但可以確定的是，當我們制定中長期目標並按計畫執行時，一定要考慮到未來的自己；凡是將來會讓自己後悔的話語、行動、決策——不管是短短幾天、一週、一個月，還是一年後——都應該盡量避免。

那麼，該如何做到這一點呢？接下來，先帶大家看看目前為止相關的心理學研究，看看對「未來我」的想法會如何影響人們的決策。

考慮「未來我」能帶來許多好處

任何決定都有相應的結果，但在結果尚未來到眼前時，一切都還是未知。雖然有些結果能預想得到，但大部分都難以預測。另一方面，現在的行為有可能讓未來的自己獲益，卻也可能造成痛苦。那麼，行動時應該考慮「未來我」到什麼程度？我們眞的有辦法做到這一點嗎？該如何具體思考不存在於現在的「未來我」？在現實的困難和複雜中，眞的能一邊以未來為考量，一邊做出明智的決定嗎？

以心理學的角度來看，具體意識到「未來我」能帶來許多好處，也沒有想像中那麼困難。例如，明天想早起，於是前一晚先調好鬧鐘，並事先買好早餐要吃的優格放在冰箱，這些行為都是為了未來我。根據可預見的後果調整行為也是一樣的道理，像是「要是吃了這個，明天應該會後悔」「偷懶不去運動的話，心裡也不會好過」「如果說出這句話，彼此的關係應該會變得很尷尬」之類的。爲了明年、三年後、十年後的自己而努力賺錢、運動、學習、考證照等，都是有意識地在「幫助」未來我。

「現在的我」力量更大

有學者表示，「選擇」是內心許多自我在各個面向競爭與協商的過程；即使是現在，「目前我」與「未來我」仍在我們的內心不斷進行討論。由這一點來看，自我調節的失敗，就是「未來我」的失敗，因爲它無法說服被眼前利益和快樂蒙蔽的目前我。

關於「目前我」，有兩種心理學效應可說明其特性：一是「時間折價效應」（temporal discounting effect），一是「認知閉合需求」（need for cognitive closure）。

比起未來的回報，一般人更喜歡立即得到好處；不論是物理或心理上的獎勵，人們都更傾向於選擇現在。**從做出選擇到獲得獎勵的時間越久，人們越認爲該選擇沒有魅力，這就是所謂的「時間折價效應」**。雖然每個人能忍受的程度不同，但這種現象可說非常普遍。

另一方面，人們也會努力降低未來的不確定性。**爲了彌補認知能力的局限性，基本上大**

家都會希望問題不要拖太久，盡快解決，這種想法就稱爲「認知閉合需求」。比方說：「我不喜歡搞曖昧。到底要不要和我交往，現在就說清楚吧！」各位身邊可能都有這樣的人，就算遙遠的將來有更好的東西等著他們，但如果這個「將來」是不確定的，那麼他們寧可選擇現在就明確的東西，也就是認知閉合的需求比較強烈。

所以一般來說，目前我比未來我更有力量；以談判爲例，就是聲音比較大、更具說服力。由此看來，無論制定多遠大、多了不起的目標，最後往往會輕易放棄；就算用「成功考上！（要用功讀書）」「瘦身成功！（要努力運動）」「變得更健康漂亮！（要調整飲食）」「晚年無憂！（現在要努力賺錢）」來說服自己，也會因爲那些未來實在太遙遠而無法發揮作用。

想想看，新的一年到來時，許多人都會制定各種目標和計畫，但大多是三天打魚兩天曬網：日記只寫了一個月，書只看了一半，運動不到一個月……就放棄了，大家對這些情況應該都不陌生吧？這都是因爲目前我的力量太強大了。另一方面，確實有人堅持按計畫執行，並順利達成目標，那這些人又有什麼不一樣呢？是意志力的差異，還是自制力的影響？如果這麼簡單就能找到答案，我想這本書也就沒有存在的必要了。

「未來我」其實是他人？

心理學家認爲，**人們之所以很難做出符合長期目標的好選擇，是因爲我們把「未來我」當成他人，而不是自己**。很意外吧？所以即使現在抽菸會影響將來的身體健康，許多人還是毫不在意，因爲他們認爲，那是「別人」的健康。

研究顯示，人們在回憶過去或想像未來時，會從旁觀者的角度出發，而非「目前我」；也就是說，想到「未來我」時，大腦的反應會像看到另一個人一樣。舉個例子，人們傾向於把爲了將來而存的錢視爲對他人的捐贈，這種想法越強烈的人，儲蓄對他的價值就越低。

雖然未來的自己感覺就像他人一樣遙遠，但在某些條件下，還是會讓人覺得近在眼前，這是受到「未來的自我連續性」（future self-continuity）影響——意指人們能在「未來我」「過去我」「目前我」之間感受到多少連結，連結感越緊密，就代表未來的自我連續性越高，反之則越低。

爲什麼總是習慣拖延？

各位身邊一定有這種人：學校作業總是拖到最後一刻才交，簡報一定要等到會議前一天才熬夜準備。在拖延的過程中，這些人並非隨心所欲地耍廢擺爛，而是大部分時間裡都懷著沉重的心情思考，永遠晚一步才開始行動。研究顯示，人們拖延的理由可說形形色色，例如求好心切、負面情緒、擔憂、焦慮、自我調節困難、缺乏動機、害怕被批評、對失敗的恐懼、生活不適應、壓力、個性特質、健康狀況……另一方面，拖延這習慣也與未來我有密切的關係。

一項針對大學生的研究顯示，「未來的自我連續性」越強的人，拖延或迴避問題的狀況就越少。不論是把現在該做的事往後延（等於把事情推給未來的自己）；或是把現在該解決的問題當成別人的事，假裝沒看到或默默忽略，都是因爲對未來要經歷的困難缺乏足夠的認同或思考。

人們對於與自己有關的訊息反應較敏感，在處理這些「自我參照」（self-reference，意指與自己有關）的訊息時，大腦中活化程度較高的代表性區域是「腹內側前額葉皮質」（ventral medial prefrontal cortex）；當我們推論和判斷他人的心情（尤其是覺得對方和自己相似）時，這個區域的活動也會增加。雖然有個體差異，但該腦區在思考與未來我有關的事情時，活躍程度會降低，表示較難對未來產生明確的認知或共鳴。同樣的，腹內側前額葉皮質較不活躍的人在思考與未來有關的事情時，對於相關準備行為也較難以持續，例如儲蓄。

有趣的是，練習加強與未來我之間的連結，有助於增加等待回報的耐心。連結性越強，就越不容易沉迷於當下的物欲，而能克服誘惑，為將來儲蓄，也為未來的自己做出更理性的決策；如果是學生，連成績都會變得更好喔！

未來越清晰，行動越周全

越是自己喜歡的人，我們越容易產生共鳴，也越能親切以待。「未來我」也一樣，未來我的面貌越清晰、感覺越親近，我們就越能好好為它設想。未來的自我連續性主要由三項要素組成：第一是相似性，越覺得未來我與目前我相似，越會感覺親近。比方當我們遇到某些部分與自己很像的人時，總是感覺特別親切。第二，越是積極看待未來，自我連續性就越高，也會願意多思考一點、多花一些心力。第三，越能清晰思考未來我的人，越能爲了未來付諸行動。

因此，每當我們決定要將有限的資源（例如金錢、時間、努力和精力）全部給予目前我，或是要將一部分留給未來我時，未來的自我連續性都會產生重大影響。未來的自我連續性越強，越傾向於珍惜對未來我而言很重要的資源；換句話說，就是爲了讓另一個自己少受點苦，願意預先做好準備。反過來說，如果完全不考慮將來的事，或是根本沒意識到有另一個我在未來等待，就會放任目前我盡情享受和消費。

人生宛如以繩子串接在一起的無數個小點。如果凡事只看點，卻沒有意識到線與面的連續性和連結性，就很難做到自我調節，只能將欲望的控制化約成單純的「做或不做」——端看自己要不要忍耐。因爲沒有考慮到未來的資源分配，所以無論設定什麼目標，都無法制定相應的計畫，分階段進行。

自我調節和資源分配能力

對未來我的意識越清晰、親近，就越有利於自我調節，畢竟人類的認知能力有限，無法時時刻刻都意識到自己。此外，世界不斷變化，現在的決定對十年後的我會產生什麼影響，不得而知；即使獲得了足夠的數據來預測變化，我們也無法處理所有訊息。如果能分析過去的錯誤，並在當下做出良好的決策，就已經算是很幸運了，卻也不是容易做到的事。這就是爲什麼大多數人會選擇忽略，以放鬆的心態看待，把未來當成別人的事。因爲對許多人來說，放棄現在的安逸快樂、爲了未來的目標而自我約束是很困難的。

但如果能清晰地感受未來我（預測），並與過去我（從經驗中觀察）進行密切的交流，會帶來什麼變化呢？

我想，人們將更能依據長期目標妥善分配資源；換句話說，更能了解自己聚焦於何處，而不至於將情感和想法浪費在不重要的事情上，這就是自我調節能力。「未來」必須清晰地存在於意識中，「現在」才能獲得調節。

爲何預測未來感受經常出錯？

無論如何分析過去的經驗，我們還是只能透過想像接近未來的自己。如果現在的決策可能會完全改變三年、五年、十年後的人生，那麼對未來的認識可說格外重要；同時，個體差異造成的影響也會在這個過程中逐漸擴大。如果你無法描繪自己在未來的某個時刻想要什麼、想感受到什麼，很容易妄下結論，以眼前的需要和欲望爲優先。

爲什麼許多人難以意識到現在的選擇會對未來產生影響呢？理由很簡單，因爲未來比現在更模糊。想像中的未來離現在越遠，我們的想法就越抽象、越不精確；越抽象，就越難感同身受，即使未來會發生如同現在一樣的困境，也很難想像自己將感受到的痛苦。快樂也是，我們很難想像將來發生好事時開心的樣子，也很難用現在的愉悅去比擬未來的感受。許多人喜歡先享受後付款，其中一個原因就在於無法預測未來會感受到的負荷和情緒。

我們一邊預測現在的選擇會給未來帶來什麼影響，一邊做出決定並執行。但預測常常出錯，因爲比起要做的事，「感受」更難預測。人們往往會高估事件對情緒的影響，例如想像分手會帶來很深的痛苦和失落感，並持續很長一段時間，但實際反應很可能不如預期那麼嚴重，也很快就結束了。又比如說，一直很想買名牌包，某天總算拿到手，卻發現沒有想像中那麼開心，反而因此感到困惑。

造成這種落差的最大原因之一是「錨定效應」。簡單來說，就是把焦點放在一起特定事件上，以至於無法考慮其他因素。我們總是假設未來的事會發生在與現在相同的情境裡，但實際情況更加多變，許多意料之外的事都會造成影響。正因爲我們用當下的想法和感受預測未來，才會產生認知偏誤。

在這之中，又以負面事件產生的情緒影響最容易被高估，然而眞的遇到壞事時，我們會在內心調整與修正，透過各種方式將事件合理化或重構，讓自己好過一點。比方說，沒應徵上自己理想中的公司，一開始雖然很失望，但隨即自我安慰「反正離家太遠，通勤很不方便」，或是從其他角度解讀未能錄取的原因並接受事實。在這個過程中，事件引發的情緒力量會逐漸減弱，適應的速度則比想像中要快得多。但我們往往不會把這個過程納入考量，導致高估了未來對事件反應的情緒強度和持續時間。

話說回來，誇大事件的情緒影響並非完全沒有好處，它能帶來激勵，讓人爲了獲得預期的正面結果而努力，並避免可能的負面後果。只是預測往往有誤差，過度努力只會增加成本，再加上對未來不必要的恐懼和過度不安，反而很容易讓人做出錯誤的選擇。

預見未來的力量

難道沒有更合理的預測方式嗎？包括未來的處境在內，如果我們能看得更具體一點，會發生什麼事呢？如果能透過虛擬實境技術了解未來，又會如何呢？如果模擬得夠生動，看到未來我就像看到自己一樣，能幫助我們更從容面對嗎？想像一下，如果一直減重失敗的人看到未來瘦身成功後的自己，會不會更有動力堅持下去？考生如果能藉由虛擬實境體驗考試合格後的輕鬆自在，是不是就會更努力念書？

加州大學洛杉磯分校安德森管理學院的心理學家海爾．赫胥菲德（Hal Hershfield）做了一個實驗，他拍攝受試者的臉部照片，並以此製作了兩個虛擬化身，一個與現在的臉幾乎相同，另一個則是年老的樣子。然後將受試者分成兩組，搭配虛擬實境裝置，分別與自己的兩個化身對話。結果顯示，比起與現在化身對話的人，與年老化身對話的人更重視儲蓄，在退休後資產的準備上，至少增加了兩倍以上。

臺灣中山大學教育研究所的郭旭展博士，則研究未來的自我形象是否有助於改善肥胖情況。研究結果顯示，看到自己未來成功減重後展現出更好形象的人，有很高的比例會選擇無糖飲料以代替冰淇淋。光是看到未來自己的模樣，就能立即調整行爲，從追求當下的滿足感，改爲督促自己讓未來更好。將這個理論應用在日常生活中，可以透過制定相關策略，讓人想像未來的自我形象，以便持續進行飲食控制、減重、儲蓄、運動、學習……需要長期努力的事。

但就像研究者所指出的，對未來我的清楚想像雖然暫時提高了動力，卻不代表一定會持續執行，必須透過現實中的計畫與具體策略來支持。如果光是想像理想未來，卻什麼都不做，那就只是空想而已。另一方面，正向遐想（positive fantasies）反而會導致人們沉迷於理想的未來，耗盡實現它所需要的能量。換言之，如果只是想像期望的狀態，卻沒有明確地意識到現實、思考如何塡補差距，反而會帶來負面結果。那麼，該如何制定面對未來的具體策略，培養相應的執行力，而不只是單純做白日夢呢？

遇見未來的你

想像未來的自己

十年後的我會是什麼樣子？想像一下期待中的自己吧。

・我會在哪裡做什麼工作？

・十年後的我若看到現在的我會有什麼感覺？

・想對現在的自己說什麼？

・現在的我和十年後的我會有什麼連結？

・現在我重視的價值是什麼？十年後會是什麼？

第三章

將夢想變成現實——心理對照

只有當你意識到理想和現實之間的鴻溝，
並產生跨越它的意志，才有可能開始行動。

你有什麼幻想？你常幻想些什麼？根據詞典的解釋，「幻想」是指「沒有現實基礎或可能性之空虛且不切實際的想法」。雖然人人各有不同，但幻想是任何人都會做的事——既會幻想自覺不可能實現的事，也會夢想有一天可能實現的願景。

光有殷切的期望，不代表會自動實現，必須要有明確的目標和具體計畫，按部就班地執行，夢想才有可能成眞。當然，有人很享受做白日夢的時光，而且要是白日夢裡的畫面全部變成現實，說不定會更可怕。

但如果是充滿殷切期望的夢想，那就另當別論了。有些人找不到實現的方法，只能永遠把夢想當成夢想，但有些人卻會積極尋求資源。有美夢成眞的人，也有永遠只做夢的人，兩者之間有什麼差別呢？

美夢成眞的祕密

紐約大學心理學家歐廷珍（Gabriele Oettingen）所提出的「夢想實現理論」（theory of fantasy realization）說明了爲什麼有些夢想會實現，有些卻只停留在「想」的階段。根據她的理論，人們爲了實現夢想，主要會採取三種方式：沉溺、反芻、心理對照。

「沉溺」是不斷想像未來，彷彿它會如自己所願發生般沉浸於美好的將來、成功的模樣、遇到理想的另一半、過著幸福快樂的日子。相反的，「反芻」是反覆思及對現狀的不滿：爲什麼我沒有能力、爲什麼偏偏在這家公司上班、爲什麼總是遇到怪人……

沉溺是關於未來的憧憬，反芻則是關於現在的不滿。兩者的共同點在於過度專注於某一方面，因此無法察覺理想與現實的差異，也就是「我希望的結果是A，但實際上卻是B」。唯有意識到想像與現實之間的不一致，才會讓人眞正爲解決問題而行動。但停留在沉溺或反芻中的人不會發現矛盾，也就不會思考要達成夢想該有的行動或計畫。

這正是爲什麼有些人能心想事成，而有些人的夢想卻永遠只是夢想。

人類的意識與潛意識一向吝於付出努力，一旦它們認爲願望不可能實現，就不會採取行動，除非你察覺到夢想與現實之間的差距，並培養出跨越這道鴻溝的意志，否則一切都不會開始。既然不期待自己能成功，當然也就無法根據達成未來理想狀態的可能性設定具體目標。因此一般來說，不管夢想有沒有實現的可能，習於沉溺或反芻的人，個性上都有點得過且過、馬馬虎虎的傾向。

比方說，公司進行晉升考核，但自己什麼準備都沒有，只是沉溺於升職後能得到的各種好處，或是反芻自己與現在的主管有多不合、工作條件有多糟，能成功晉升的機率可說微乎其微。

凸顯差異的策略

另一方面，使用「心理對照」的人則會先想像夢想實現後的模樣（例如順利考上），接著回顧可能會造成阻礙的現實（例如不想念書，一直拖延），凸顯出兩者之間的差距，讓人自然而然意識到「我還沒實現夢想。若要心想事成，現在就得有所行動」。明確意識到其中的差距，能激勵人們期待實現夢想，並朝著目標付出具體的努力。

想運用心理對照，首先要設定目標：必須有個迫切想實現的願望，接著正視現實中的各項條件，就會看到兩者之間的差距。不僅如此，心理對照也會對人們如何選擇實現目標的手段產生影響。這個過程不僅連接了未來和現實，更能幫助人找出必要的策略和方法，以克服障礙、實現未來。

心理對照能讓我們明確地看見未來的期望與現實中的障礙。成功期待值高，會引發目標導向的行動；成功期待值低，則會抑制目標導向行爲。倫敦城市大學（City University of London）心理學家安德烈斯．卡佩斯（Andreas Kappes）的研究小組，分別針對成功期待值高與低兩種情況進行實驗，看看心理對照會造成什麼影響。受試者的期待目標是「健康的身體」，現實中的阻礙則是「運動不足」，透過詳細記錄他們的願望與當前狀態，以凸顯兩者之間的差異，並看看他們遇到電梯與樓梯時會選擇哪一個。

結果顯示，對身體健康期待值越高的人，越容易選擇走樓梯；對身體健康期待值較低的人，最後多選擇搭電梯。研究人員解釋，當人們的成功期待值較低時，心理對照會產生反向效果，讓現實中的阻礙顯得更巨大，因而對行動產生負面影響。但是在成功期待值高的情況下，心理對照能在現實中的障礙與克服障礙的行爲之間產生連結，連結越強，目標導向行爲的效果也會越明顯。

讓大腦做好準備

不論有沒有成功的可能性，心理對照都有很明顯的效果。如果心中迫切期待，並認爲可以透過努力達成目標，就能利用心理對照很快制定出計畫並付諸行動，進一步提高成功的機率。另一方面，透過心理對照察覺期待與現實之間的差距後，如果認為自己無法縮小差距或解決，可能就會選擇放棄，或是調整、改變目標。心理對照可以幫助人們區分可實現與不可實現的目標。

很多人的夢想很模糊，分不清何為眞正的目標，何者只是單純的幻想。有些目標是儘管內心很渴望，卻無法明確表達；有些則不是眞的想要，只是為了逃避現實而茫然描繪的。如果你眞的想要某件東西，卻不制定計畫實現，也不付諸行動，那麼它就不是個目標，只是單純的幻想罷了。大腦不會對看起來可能性很低的事制定具體計畫，只會透過沉溺在幻想中享受它。

正如歐廷珍的研究結果所指出的，完成艱鉅任務需要龐大的能量，而沉溺會消耗能量，進而降低行動的品質。沉溺於幻想可能會把人的注意力從眞正需要聚焦的事物上奪走，使現實更加惡化。要讓夢想成為目標，就必須有實現的可能，不能一發現中間有落差，馬上掉頭走人。唯有面對並縮短差距，才能付諸行動，實現願望。

心理對照還能幫助人們更妥善地面對負面回饋。收到負面回饋時，懂得運用心理對照的人能以任務導向的方式思考並解決問題，而不是將其視為對自己的能力或存在的批評。因此，他們不會自責，也不會迷失在負面情緒中，反而會檢視不足之處，並且更積極努力。

那麼大腦能分辨心理對照和沉溺的不同嗎？在大腦的神經活動上，心理對照和沉溺是有差異的。腦磁波儀（magnetoencephalogram, MEG）是一種神經成像技術，能記錄大腦電流產生的磁場，繪製大腦活動的影像。從該儀器的分析結果來看，沉溺與單純休息沒有什麼不同；但進行心理對照時的大腦，與工作記憶、日常記憶、維持意志、行爲準備、視覺化等相關領域的神經活動會比較活躍。沉溺不過是逃避現實的空想，沒有任何作爲；相反的，心理對照會生動刻畫自己想要的未來，檢視現實中的各項阻礙，並規畫如何克服的解決策略。

實現目標的強大策略

爲了能持續朝目標前進，首先必須對它保有渴望，並能在現實中追求它。如果有實行的可能，但內心並不渴望，就不能說它是個目標；另一方面，就算心裡再怎麼強烈渴望，如果內心深處總有個聲音說：「唉，我做得到嗎？」就會讓人因懷疑而難以付出太多努力。

實現目標需要很多條件：採取必要行動時不能拖延、不管受到什麼刺激都不能動搖、要好好牢記並守護目標。有一項非常強而有力的策略能幫助你做到這一點，那就是**「專注於行動本身」**。

這是什麼意思？

第一章談到的目標意圖是指想達成的結果：「我要做到Z！」執行意圖則是針對行動本身：「如果出現X，我就做Y！」包括了時間、地點、事項和方法，卻沒有涵蓋原因。執行意圖從根本上排除了「爲什麼這樣做」和最終期望等想法，即使以直覺來想，這仍是一個非常聰明的策略。

例如學習或運動，雖然都是好事，但總有嫌麻煩或不想做的時候。這時，人們會找出偷懶的理由並合理化，也就是想方設法爲自己找藉口。在這樣反覆思考的過程中，情緒也會跟著膨脹，並助長不自在或不愉快的感覺：覺得身體不舒服、覺得還有更緊急的事要做。在尋找合理藉口的過程中，時間不知不覺流逝，猛然發現「哎呀，已經這麼晚了」，於是順勢略過該做的事。

很多人都有這種經驗，正好說明了無法按目標和計畫實踐的典型因素。目標意圖只有「我想要○○」的期望狀態，因此多半不會付諸實行；但執行意圖是由X（狀況）和Y（行爲）兩項要素所組成，而且其中已包含了行動計畫。

「我的計畫明明就訂得很好，爲什麼總是無法實踐？」有這種苦惱的人多半只有目標意圖，但想法不會自動變成行爲，就算知道得再多，也不會提升動機。**想法、行爲、知識和動機是各自獨立的過程，若想將計畫轉化成行動，就必須具體實踐；要做到這一點，就必須很清楚自己「這種時候我會做什麼」，預先設計好行爲，再將條件和行爲連結起來，以此設定執行意圖。**

比方說，減重的最大敵人之一是吃宵夜。如果你仔細觀察自己的行爲模式，就可以事先設定替代行動，創造簡單又有效的執行意圖。舉個例子，假設晚上念書念到一半肚子餓了。過去爲了貪圖方便，會用手機點外送或吃泡麵、零食。爲了改變這項行爲，念書時關掉手機、不囤積「存糧」，而是用泡牛奶代替吃宵夜，這就是以替代行動達成執行意圖。

如果是爲了想在上班前花半小時靜心或讀書而要早點起床，可以怎麼設定執行意圖？「早起的決心」每每會崩潰，大多是因爲晚睡；想要早起，還是得早睡才行。但要那些越晚精神越好，常在睡前滑手機、追劇的人在十一點前關掉手機等裝置、上床睡覺，恐怕很困難；但不管怎樣，總是得二選一吧？

如果是X，那就做Y——自動執行策略

把未來發生的特定狀況或事件放在X（如果），再將實際遇到這種狀況時的反應放在Y（然後），就會變成如本節標題所示的「如果是X，那就做Y」模式，不必經過意識上的刻意努力，就能自動執行。從心理學的角度來說，就是在情境線索（X）和目標導向行爲（Y）之間建立強而有力的連結，將控制行爲（Y）的起始功能委託給特定狀況（X），這樣會比一邊思考一邊做決定時更容易，也能更快行動。這種與目標一致，預先設定「何時、何地、如何」的執行意圖也被稱爲「若則計畫法」（If-then planning）。有大量研究顯示，**執行意圖能有效縮小目標設定與實現之間的差距。**

那麼執行意圖和單純的行動計畫有何差異？**行動計畫不可或缺的是有意識的努力和控制，而執行意圖最大的特點則在於「自動」**。即使在追求其他目標，執行意圖的情境線索也往往比單純的目標意圖更吸引人。爲了驗證這一點，德國康斯坦茨大學（University of Konstanz）的心理學家弗蘭克・韋伯（Frank Wieber）進行了以下實驗：

他將受試者分爲執行意圖（看到「花」字就按左鍵，看到「蟲」字就按右鍵）組和目標意圖（以

最快速度回應「花」字與「蟲」字）組，進行「旁側夾擊作業」（Eriksen flanker task），這是注意力分配研究中常用的方法，意思是要求人們忽視周圍刺激，將注意力集中在目標刺激並做出反應。

實驗結果顯示，每當螢幕上出現相關線索（花、蟲）時，執行意圖組的注意力都會受到干擾。換句話說，當執行意圖的情境線索顯示目標刺激接近時，受試者的反應會變慢，但他們並未意識到自己的注意力受到干擾；研究者解釋，這種情況稱爲「執行意圖的自動注意效應」。換言之，如果以「如果是X，那就做Y」的模式形成執行意圖，即使不特別留意，一旦出現X的情況線索時，就會自動引起注意。

舉例來說，一旦形成了「晚上十一點關手機」的執行意圖，那麼即使正在做其他事，只要看到時鐘指向十一點，就會不自覺地「停頓」。

執行意圖的核心就是這種不可控的自動性。另外，執行意圖也具有即時性和效率，在克服實現目標的障礙時，會成爲有效的自我調節工具，因爲當遇到預期的機會出現時，就能立刻啓動目標導向行爲。人們爲了學習、讀書、運動、減重而制定目標、執行行動，卻也容易在沉重壓力或疲勞下放棄，又回到以前的習慣。在下一章裡，我們會說明這種現象並非因爲意志力不足或不善自律，更不是個性和情緒問題，而是因爲缺乏控制思想與行爲的動機，或是處理控制過程的認知資源不足所造成。但即使認知負荷很高，執行意圖也能透過只關注目標行動，促進有效處理問題。

另一方面，就算與執行意圖相關的特定情境線索只出現在潛意識層面，比起尚未形成執行意圖的人，已形成執行意圖的人仍能更快採取行動；換句話說，就是在連自己都沒有意識到的情況下準備好行動，並更早做出反應。這些結果告訴我們，一旦形成執行意圖，不必刻意，行爲也能自動開啓。一言以蔽之，**執行意圖就是「策略的自動化執行」**。

心理對照和執行意圖的相遇

即使不刻意思考，也能自動做出行爲的執行意圖，若與在目標達成過程中有意識比較現實困境的「心理對照」一起使用，就會發揮更強的效果。「ＭＣＩＩ」（mental contrasting with implementation intentions，於執行意圖使用心理對照法）就是將自動行爲（執行意圖）和有意識地控制行動（心理對照）的加乘效果最大化，在不同領域改善問題，實現目標。

我們可以看看ＭＣＩＩ在飲食習慣、學業、健康、運動、人際關係等不同領域的代表性成果。

根據許多相關研究顯示，在改善不健康的飲食習慣方面，MCII的效果比單純使用執行意圖更好，這是因為心理對照能讓受試者更清楚意識到哪些是不必要的習慣行為。將MCII導入教育中，教導那些學習資源不足、動機較低的低收入家庭學生有關追求目標的自我調節策略，結果學生的成績和學業活動參與度都有所好轉。另外，MCII也具體幫助那些無法養成運動習慣的中風患者達到增加運動量、減輕體重的正面效果。

MCII不僅適用於個人，還可以擴大到戀人、家人、同事等人際關係中。在戀愛關係中，常為了消除不安做出某些行為，卻反而讓對方更沒安全感，致使關係惡化。比方說，戀人明明因為上班或其他原因無法隨時連絡，自己卻嚴重執著於非與對方通話不可，或因為多餘的嫉妒和懷疑，反讓彼此痛苦。這些行為都是為了壓抑不安而在不知不覺中產生的習慣性應對行為，即使想改也很難。

歐廷珍的研究小組以想改變這種行為模式的人們為對象，進行MCII訓練，利用心理對照清晰描繪希望的目標（例如不因嘮叨和懷疑而爭吵，要共度幸福時光）和妨礙達成目標的現實障礙（例如因為對方無法立即接聽電話而產生懷疑），以此設定執行意圖（例如一旦產生懷疑的念頭，就要停止進一步加深這個想法，並將注意力集中在自己身上），並規定每天都要實踐。雖然這些都是很簡單的方法，但參與者在短短一週內便意識到自己的消極行爲減少了許多；兩個月後，受試者與戀人的關係不但變得比以前更穩定，也更懂得爲對方著想。人並沒有變，光靠細微的行爲調整就能改善關係，這不是很令人驚訝嗎？

當我們身心疲憊時，雖然心裡沒那樣想，卻很容易不自覺地對家人、同事、朋友、戀人等經常見面、關係親密的人使用消極的言語和行動，最終導致關係惡化到無法挽回的地步。這時，我們可以用MCII來改善狀況，以心理對照方式思考自己眞正想要的關係（例如互相尊重）和阻礙實現的因素（例如沒有安全感時，就會採取攻擊性的話語和態度），接著設定執行意圖（例如感到不安時，不是指責對方，而是如實承認自己的弱點），並具體練習什麼情緒該如何表達，才會更有效果。以這種方式設定的MCII可以讓我們在被問題蒙蔽、感情用事前冷靜看待事情，並打破舊有的模式（例如指責對方），採取更好的行動（例如坦率承認自己的弱點）；即使面對突發狀況（例如沒有安全感）時，也能更適當的態度應對。

好的行動要立即執行並持續

另一方面，執行意圖對於立刻實行和持續有益健康的行爲也非常有效。有一項以「希望維持運動習慣」的中年女性爲對象的MCII自我調節研究，參加者先是自由選擇自己想要的運動方式，接著找出最大的障礙，並寫下應對方式，接著開始每天運動，配合執行日誌記錄運動時間。計畫才剛開始執行不久，運動量增加的效果就顯現出來了。在長達四個月的研究期間，效果保持穩定，相較於與沒有參與計畫、只接受資訊但未執行的人，參加者的運動量是這些人的兩倍以上。

另外，以促進健康飲食爲目標的MCII實驗中，則設定了「多吃蔬菜水果」的執行意圖，並記錄每天吃了多少。參與者的飲食習慣逐漸發生變化，更令人驚訝的是，這種變化在兩年後仍持續著。MCII是一種高效的自我調節方式，能在不花費過多時間和精力的情況下，朝著目標持續做出改變。

與其他方法一樣，長期實施MCII會帶來更多變化；而且執行意圖越簡單，行動越明確，效果就越好。這個方法既可以用在自己身上，也可以用於研討會或教育訓練；尤其是後者，實體活動的效果會比線上活動更好。

但另一方面，執行意圖的具體性有時會遮蔽我們尋找更好方法的視野。專家指出，「如果是X，那就做Y」的明確性確實有助於執行，但也容易讓人無視其他方法，反而妨礙達成目標。比方說，剛換新工作時，多半會希望盡快與公司的同事熟悉，因此制定了「同事需要幫忙時就答應」的執行意圖，反而沒有足夠時間做自己的工作，變成每天加班，結果很快就「燃燒殆盡」，也就是過勞。

由此可知，使用MCII時，必須靈活判斷是否符合自己的狀況，以及有沒有更好的替代行動。如果無效，就要果斷放棄，規畫新的MCII策略。此時積極利用心理對照會很有幫助。以前面的例子來說，可以反問自己：「我是爲了交朋友才進入這家公司的嗎？」「我在這裡是否有想達成的更高目標？」「我眞正想要的是什麼？」

心理對照有助於細微地感知看不見的潛在障礙。因此，我們應該仔細且清楚地用心理對照檢視自己眞正想要的東西、思考有哪些妨礙後，再重新設定執行意圖。尤其是根據個人情況設定適合「X」的「如果」要素，再透過心理對照找出可能遇到的障礙或困難，這樣能讓執行意圖的效果更好。

遇見未來的你
ＭＣＩＩ應用練習

一、每次簡報前都會因為擔心而覺得難熬

許多上班族在進行簡報前，都會感到擔憂和不安。這時候，該如何利用ＭＣＩＩ呢？首先，從心理對照開始。

①進行簡報前，先在腦中思考理想中的模樣：「啊，要是能這樣流暢地進行簡報、從容回答提問就好了。」

②回想曾經歷或潛在可能發生的負面情況，把最壞、最害怕發生的情況寫下來。

③設定執行意圖。若是害怕別人的評價或上司的批評，就提前準備好應對方式和內容。不光是在腦子裡想，也要試著說出來，整理成自己可以馬上反應、能脫口而出的內容。比方說：

X：**主管冷冷地指出簡報內容的缺失。**

Y：**「很抱歉。您所提到的這三點，我會立刻補充資料並向您報告。」**

公司不需要聽你的辯解，重點是何時完成、如何做得完善。「因為經驗不足」「沒時間」「還有其他工作所以無法及時掌握狀況」……這些辯解對主管來說，都是沒有價值的訊息。尤其是在負面情況下，最好能重點說明有問題的地方，而不是解釋自己的處境，並簡潔地傳達對方需要的訊息。若能站在聽者的立場，先思考對方需要的資訊是什麼，就能減少因為個人情緒或想法而誇大問題，或是做出錯誤的預測和推論。

二、難以持續時

如果想改變，就需要在一定時間內重複新的行動。最好能每天進行；如果有困難，就先決定好星期幾的什麼時間去做，並記錄下來，不管有沒有按照計畫做到，都要確實記錄。

比方說，想改善飲食習慣，就要詳實記錄自己吃下去的東西，不論是一塊巧克力或一杯牛奶，都不能忽略。若想養成持續運動的習慣，就要記錄每次運動的時間和強度。為了讓過程一目了然，可以用日曆的形式呈現。現在有許多應用程式也有這類功能，但若能寫下來，放在明顯可見的地方，讓自己隨時都能看到，效果會更好。即使沒有按計畫做，也要如實寫下來；就算只做到十分之一，也要記錄。

記錄是為了追蹤，分析自己什麼時候做效果最好，什麼時候比較鬆懈。透過日誌監控過程，可以更了解自己的行為模式，甚至發現效果已在執行的過程顯現。制定目標和計畫、製作日誌、觀察分析過程，不論要實踐任何目標，這些方法都會帶來很大的幫助。

情緒或心理狀態有時也是非常重要的線索。即使忘記遇到誰、發生了什麼事，但當時的感受會留下，也比其他資訊更容易被記住，成為日後樂於接近或躲避某些事物的契機。因此，記錄自己的情緒也是很有幫助的。像是運動或學習，有時就是會偷懶不想做，但做完後會覺得自己「破關」、心情很好，就可以把這種感受記下來。也許很多人都有類似的經驗：剛開始的確很困難，但一旦有了開始，後面就會變得比較容易。

如果是自己希望經常重複的事，就要好好抓住那瞬間的滿足感；不想再遇到的事，則要記住當時的不快、苦澀、挫折感。若能好好珍藏感受並記錄下來，即使對事件記憶模糊，還是能幫助我們做出正確選擇。當然，有時確實會高估情緒的影響力，導致預測錯誤，但我們仍能好好活用曾有的感受。另一方面，如果未能按照計畫確實執行，與其花力氣對自己失望，不如趕快重新開始，好好記錄並檢視整個過程。

三、設定自己的心理對照和執行意圖

①寫下想實現的目標或想達成的狀態。

②再寫下現在的狀態、水準。

③具體寫出①和②的差異。

④找出能縮小差距的行動。

⑤把④的行動變成「如果是X，那就做Y」模式的執行意圖。

第四章

想法和努力價值不斐——認知控制

「努力」不是來自理性和意志力，
而是來自價值導向的決策機制。

進行高強度運動或長時間走路、搬家或大掃除後，我們會感覺疲倦，像是用盡了全身的力氣，所以會早早入睡。就像身體勞動的程度多，就會感到疲勞，頭腦也是。當我們為了避免失誤而過分專注、想方設法解決難題，甚至為了非自願因素而陷入某些艱困狀況並覺得白費心力時，就會產生能量枯竭的感覺。

但這種精神疲勞或枯竭很難以科學來說明。是因為身體能量耗盡而疲累嗎？還是大腦分泌了什麼有害物質？或者只是單純的錯覺？當我們在努力的時候，大腦裡到底發生了什麼事？為什麼努力總是難以持久？

在這一章，我們將了解努力的機制——尤其是精神方面的努力。生活中重要的東西多是透過努力獲得的，但我們並不知道「努力」如何分配和作用：為什麼有些事要努力才能獲得，有些事卻不用呢？

實現理想的未來當然需要付出努力，但不是「無條件努力」，而是要「對必要的事進行有效的努力」。接下來，我們來看看神經科學所發現的努力。

問題不是意志力，而是這麼做有無價値

大部分的人並不喜歡多動腦筋，一般來說都會想避開。這種情況理所當然到我們甚至不會問「爲什麼」，因此才會有「獎勵」的存在。爲了讓學生持續學習、爲了讓上班族穩定工作，我們制定各種鼓勵方法和獎勵措施；但反過來說，如果工作或學習時完全不會感到疲憊，就沒有必要賦予動機和制定獎勵。比方說，參加心理學研究實驗的人，常因實驗後得到的獎勵很誘人，而在過程中回答得更快更準確。甚至在看似與獎勵無關的智力測驗中，如果提供金錢或優惠券，動機就會變得強烈，表現出來的智力程度就會更高。很令人驚訝吧？

提出「需求選擇任務」（demand selection task，提出選擇後，再對選擇做出判斷）時，人類逃避努力的傾向會更明顯。如果可以選擇付出多少，人們會傾向於選擇雖然報酬較少，但認知努力也較少的工作。有趣的是，即使沒意識到問題的難易差異，仍有很高比例的參與者會選擇簡單的問題。也就是說，一般人多半不想動腦筋，除非獎勵的價値更高，才會讓人積極參與需要動腦的工作。

學者們主張，行使「認知控制」（cognitive control）——也就是選擇聚焦在自己選定的目

標，並抗拒其他會分散注意力的因素——不單純只是理性和意志力的問題，而是根據「價值基礎」的決策機制所產生的。比方說，高中生解答數學難題的關鍵，不是意志力或堅持不放棄的毅力，而是判斷解開這個問題有無價值。換言之，與付出努力相比，解開問題後所獲得的獎勵（不管是實質上或心理上的）更有價值；也可能是學生的動機夠強，環境設置合理或資源配置得當的緣故。

努力也是選擇

以這個觀點來看，認知努力會伴隨著痛苦或引起負面情緒，因此在使用上有其限制。人類大腦會計算投入的成本和預期獎勵，只對有需求的地方分配必要的認知努力；這意思是，當大腦認為收穫遠比不上付出時，就不會進行認知控制。舉個例子，A為了減重，決心一個月不吃高熱量食物，但這天在公司和最要好的同事吵架，一氣之下，回家後竟獨自吃光了一整隻炸雞。事後雖然因違背過去十天來一直遵守的原則而對自己失望，但這是為了轉換心情，所以也無可奈何。這算是自我調節失敗嗎？還是太衝動了？又或是意志力太薄弱？

其實都不是。心理學的解釋是這樣的：

在過去十天裡，A成功地控制認知，將注意力集中在自己「可以吃」哪些低熱量食物，而不是「絕對不能吃」的零食上。但這時，預期之外的突發事件帶來了「壓力」。從身體的觀點來看，比起減重，緩解壓力與負面情緒成了更緊急的課題。優先順序變了，所以大腦選擇炸雞帶來的安慰爲即時獎勵，以節省認知控制的成本。當然，過去十天成功遵守飲食規定的自信，對於暫時解除規範也有影響，因爲人們會相信一次踰矩不至於破壞一貫的規則。果然，有了炸雞紓壓後，A又能繼續按原本的規則堅持減重。由此來看，自我調節的經驗不只是涉及成敗的二分法，而是會根據價值做出選擇，所以才會有這麼多樣貌。

自我控制的本質不是對立，而是協商

人們往往將自我調節或自我控制視爲激烈過程（如情緒、衝動、瞬間欲望等）與冷靜過程（如理性、深思熟慮等）之間的矛盾和戰鬥。只要不被耳邊的惡魔私語所騙，而能戰勝誘惑，人們就會覺得自我調節成功了。這種源自西方的二分法已有兩千多年歷史。柏拉圖在《斐德羅篇》中以拉車的兩匹馬爲比喻：一隻是有計畫、理性的馬，另一隻是衝動、情緒化的馬。馬伕應盡量控制衝動的馬，同時增強理性馬的力量，才能順利讓馬車抵達目的地。這種非黑即白的思維是心理學研究中長期存在的傳統。

諾貝爾經濟學獎得主丹尼爾．康納曼（Daniel Kahneman）將人類思維系統分爲系統一和系統二。系統一是迅速、反應快和衝動的過程，系統二則是緩慢、謹愼、反省的過程。系統二通常會專注於理想的長期目標，而系統一則關心當下的生存問題，使得兩者經常發生衝突。心理學家認爲，在這兩個系統競爭下，爲了長期目標而克制短期的獎勵、快樂或衝動，是自我控制的本質。

但現代心理學家和神經經濟學（neuroeconomics）家以神經科學爲基礎，強烈質疑這種二分法觀點。他們認爲，人類內在的自我控制並不是善與惡的對立，而是基於整體價值的選擇過程。

這不是單純忍受或戰勝短期欲望的問題，應該從「內在自我的協商」這個觀點來看。也就是說，當與目標一致的行動，以及與目標不一致的行動發生衝突時，最後做出了「選擇前者」的過程：把各種利益（如金錢、社會地位、他人的認可和稱讚）與成本（努力、機會成本）綜合起來，將每個選項的客觀價值轉化爲主觀價值，再做出對自己最有利的選擇。

決策和行動是一個動態過程，人們根據自己的價值做出選擇後，再爲選擇分配例如努力之類的資源。所以每個人都是在有限條件下盡可能做出最好的選擇，從而達到最佳適應。

有個例子想必大家都很熟悉。各位還記得「棉花糖實驗」嗎？那些爲了得到更多獎勵而克制當下欲望的孩子們，長大後以優秀的成績進入頂尖大學，出社會後賺了更多錢，過著健康幸福的生活，是個如同神話般的實驗。這項實驗結果後來被許多著作引用，強調了自我控制和意志的力量。但由於實驗設計過於簡單，未考慮其他相關變數，也在心理學界引起激烈的爭論和批評。

時間選擇心理學

「現在可以得到一個，若願意等待一週，就可以得到兩個。」比較現在和未來獎勵的差異以做爲選擇依據，稱爲「跨期選擇」（intertemporal choice）。大部分的人都喜歡立刻得到獎勵，即使知道等待能得到更多，仍往往做出不合理的選擇或與目標相悖的行爲。

以往心理學家認爲，爲了實現長期目標而捨棄短期回報、抑制衝動，是自我調節能力高的表現，但現在有很多學者持不同意見。如前面所說，自我調節並非那麼簡單的程序，爲了能在將來獲得更多獎勵而放棄眼前相對較少的利益，並不能說這就叫「自我控制良好」或「自我調節能力高」；而是主觀價值判斷的過程，會依個人特質和動機不同，也會因爲脈絡、狀況、結構出現差異。即使對方答應給予高額報酬，但若不確定日後眞的能拿到，那麼即使少了很多，仍會選擇當下可以立刻取得的獎勵。在棉花糖實驗中的孩子也一樣，當實驗者刻意降低可信度、在實驗中違背與孩子們的約定時，孩子們選擇等待、沒有立刻吃掉棉花糖的時間便從平均十二分鐘縮短爲三分鐘。

提出選擇的方式也會影響決定。在一項實驗中，分別向受試者提供一萬元和一萬五千元（如圖表一所示）的獎勵。如果問受試者：「你想今天就拿到一萬元，還是兩個月後得到一萬五千元？」大部分受試者都會選擇今

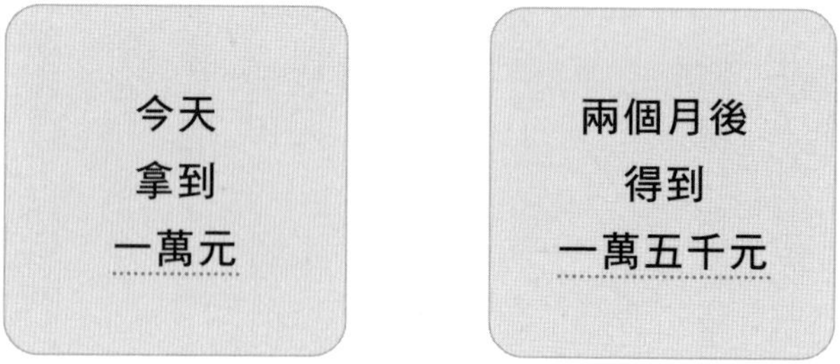

圖表一・你會選擇哪一邊？

天就能拿到一萬元。

但圖表二所示，若告訴受試者：「如果今天收下一萬元，兩個月後得到的就是零元；若今天拿零元，那麼兩個月後就可以得到一萬五千元。」多數人反倒會選擇後者。兩種問法帶來的選擇完全相反，這是怎麼回事？研究者解釋，「現在有，以後沒有」和「現在沒有，但以後會有」兩相對照再重組後，未來貶值的比率（貼現率）減少，也就提高了不想錯過「將來可以拿更多錢」的期待。

像這樣，不同揭示方法對選擇結果的影響，可以與之前觀察的心理對照進行整合，並得到如圖表三的應用方式：現在可以選擇的行動是a和b，分別對應到的狀況是A和B。

不是刻意不做a（不運動，躺著看電視），選擇b（運動），而是如果現在選擇a，將來會得到的就是A（後

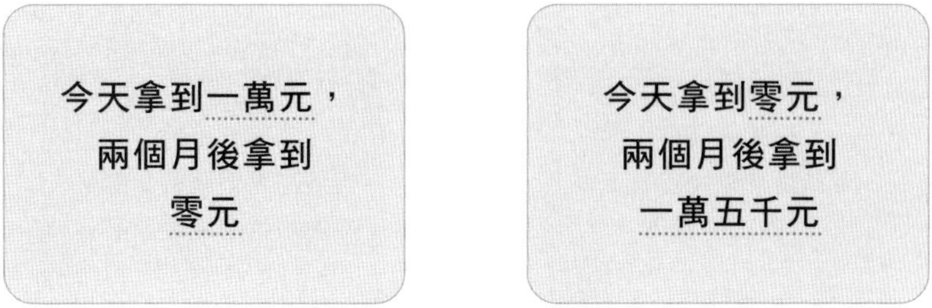
今天拿到一萬元，
兩個月後拿到
零元
今天拿到零元，
兩個月後拿到
一萬五千元

圖表二 · 你會選擇哪一邊？

悔）而不是B（結實的身體）；現在如果選擇b，將來就會得到B而不是A。這種方式明確對照了現在與日後的差異，就能更清晰地顯現出目標和價值。同時，透過推測未來的情緒、狀態和經歷，你可以與未來的自己有更深的連結。像這樣，同時考慮到目前我與未來我，就有可能將資源運用在最需要的地方。

大腦會在有限時間內權衡利弊

大腦對成本很敏感，它會時時刻刻根據成本效益來分配資源，決定要對哪些事努力，又對哪些事不努力。這些過程是在哪裡、又是如何進行的呢？

我們的大腦必須在不斷變化的環境中以最短時間做出許多決定，但很難每次都做出最好的決定，因爲資訊

雖然累但還是去運動

日後會經歷：
得到結實健康的身體，
內心也會感到欣慰

不運動，躺著看電視

日後會經歷：
因為沒有按照計畫去做
而感到後悔

圖表三．你會選擇哪一種？

不足，能力也不夠。學者們稱這種情況爲「有限的最佳性」（bounded optimality）。我們同時處理多項資訊的能力有限，如果集中處理一件事，必然會錯過其他重要的事。因此，必須在有限時間內，於衆多刺激和訊息中決定選擇什麼、放棄什麼。儘管我們會不斷權衡要花多少時間與精力去做決定，而這項決定又會讓我們付出多少代價、獲得多少收益，但實際上能用於每項決定的最佳專注力通常比我們想像中要少得多。

回想一下寫作業或考試就知道了：爲了提高完成度而超過提交的最後期限，這麼做明智嗎？交卷時間快到了，還能爲了避免失誤一字一句慢慢讀題目、消耗解題時間嗎？考慮到成本，大多數人會在完美答題和按時交卷之間取得平衡點，以完成任務。此時的成本不僅包括直接花費的時間和精力，還包括因選擇而放棄的機會成本。

期望值控制理論

人類行爲的驅動，是一個從自動化到控制的連續過程。有些行爲是在我們幾乎沒意識到的情況下自動發生的：開門、搭電梯、進入熟悉的空間，甚至是察覺今天的藥還沒吃。另一方面，也有些行爲需要認知控制，好比閱讀，或是一邊看外文說明書，一邊組裝家具。

日常活動其實不需要太多專注力。形成這些日常行爲的流程通常是結構化的自動反應，即使不花費太多心力，也能有效運作，但相對來說缺乏靈活度。換句話說，雖然簡單、快速，但很難選擇哪個要做，哪個不要做。

另一方面，有些行爲則具備完全不同的特徵。因爲可以選擇和控制，所以靈活度較高，但需要更多的時間和努力，也很容易受到其他事物妨礙。

比方說，爲了及格而念書，不但比看電視更累，也很容易受到噪音或手機震動等外界刺激的干擾。由於光靠自動行爲無法讓學習持續，因此我們會使用各種方式和策略，努力維持專注力。心理學家設計了各種模型來解釋這些行爲控制過程是如何發生的，接下來，就爲大家介紹以神經科學爲依據、近期備受矚目的「期望值控制理論」（expected value of control theory）。

美國布朗大學的心理學家亞米泰・薛哈夫（Amitai Shenhav）提出的這項理論，清楚說明了大腦限制或控制某些事物的原理。根據這項理論，需要認知努力的信號（即控制信號）由兩個因素決定，一是對象，也就是「要控制什麼」；二是強度，即「要給予多強的控制」。

比方說，邊走路邊滑手機時，一旦聽到前方有緊急煞車的聲音，視線馬上就會從手機螢幕移向車聲來源，這就是認知控制發生的瞬間。像這樣，目光焦點從手機移動到汽車，幾乎可說是反射動作，因此不需要高強度控制。

但如果正在開車，就不能隨便東張西望，必須集中注意力駕駛，避免因緊急煞車而發生事故。因此，比起邊滑手機邊走路的行人，駕駛人需要更高強度的認知控制。控制信號的強度調節，有時會影響獲得獎勵或避免損失的可能性，甚至兩者兼有；同時還要計算控制時間的長度及其效率，並只分配絕對必要的時間給該認知控制。

在選擇控制分配的程度時，不只要考慮效益，還要考慮成本。期望值控制理論認為，大腦拿來控制分配的成本叫做「努力」。儘管人們會盡可能避免努力，喜歡難度低的工作，但如果有必要，也會選擇難度高的工作，進行很多認知方面的努力，因為控制權是根據預期收益和成本計算價值並分配的。大腦透過控制信號的配置，將「期望值」最大化，從而達到最佳分配。

期望值控制理論提醒了我們兩項重要的事實：一是人們未必會在自己選擇執行的認知任務中投入最大的努力；二是人們只在自己認為值得時，才會持續分析成本與效益、分配認知控制。

控制分配和執行的腦科學

調節認知控制分配的神經迴路，必須對做出任何行為時的潛在獎勵（或不做某事時的潛在危害）與確保正確分配控制所產生的成本保持敏銳。如果該神經迴路出現問題、無法活化，就會導致動機弱化。

大腦裡有數百億個神經細胞相互交織，就像一個廣大的網路，每當需要認知努力時，就會產生連結、發揮作用。這些腦區包括背側前扣帶迴皮質（dorsal anterior cingulate cortex）、前島（anterior insula）、外側前額葉皮質（lateral prefrontal cortex）、側頂葉皮質（lateral parietal cortex）等。當我們需要集中注意力、短期記憶、中斷習慣般的自動反應時，這些區域會更活躍。另一方面，執行已習慣化的行為或外部指示的行為時，這些腦區的參與較低。

目前為止的神經科學研究表明，背側前扣帶迴皮質負責確認和分配控制的種類與數量，以顯示潛在結果的成本和價值，並將控制的期望值最大化；而從背側前扣帶迴皮質接收明確控制信號、執行相應控制的，則是外側前額葉皮質。另外，與背側前扣帶迴皮質相同，外側前額葉皮質也有與逃避認知努力和認知疲勞相關的訊號。

多巴胺與「嗜望」

想了解掌管認知努力或認知控制的大腦神經迴路，首先必須了解多巴胺系統在中腦的作用。

多巴胺是一種神經傳導物質，主要是由「腹側被蓋區」（ventral tegmental area）的神經元分泌，而腹側被蓋區也是主要多巴胺通道「中腦邊緣系統迴路」（mesolimbic pathway）的一部分。

長期以來，多巴胺被誤認為是製造「愉悅」的物質。直到一九八〇年代，科學家仍認為人們是因為喜歡才會產生「想要」的欲望，而這種想法的媒介就是多巴胺；如果抑制多巴胺的分泌，人類就不會產生愉悅感。密西根大學心理學家貝里奇（Kent Berridge）的研究小組因此進行實驗，嘗試移除老鼠大腦中的多巴胺系統，以驗證老鼠對喜歡食物的愉悅感會消失——在以老鼠、猴子和新生兒為對象的實驗中，主要是透過特有的表情與動作（包括口部與手腳）來衡量快樂與否。

令人驚訝的是，移除了多巴胺系統的老鼠對食物的愉悅反應並沒有不同，卻在其他行為上出現了變化。他們發現老鼠似乎失去了尋找愉悅的動機：不會去找喜歡的食物；就算把食物放進嘴裡，也不會咀嚼、不會呑嚥。

「愉悅」的反應不變，但出現「不想要」的異常結果？研究人員對此感到困惑。爲了進一步找出原因，又花了好幾年進行後續研究。結果發現，中腦邊緣系統迴路雖然會產生「嗜望」（這裡指的並不是出於意識的欲望，也不是生理性的需求，在英文中以大寫的「Want」來表示），卻不會引發愉悅感。

後來，研究人員在老鼠的中腦邊緣系統迴路給予電擊刺激，提高多巴胺分泌，老鼠嗜望的強度增加了四倍以上，但愉悅感仍完全沒有提高。同樣的情況也會發生在人類身上：就算完全不喜歡，也能創造出嗜望。這是一項令人震驚的結果，做爲解釋人類因某種刺激或物質中毒而難以擺脫的機制時，這項發現可說是非常重要的依據。即使完全沒有愉悅感，甚至只有痛苦和不愉快，仍然會使人上癮。「嗜望」不是因爲喜歡才想要，多巴胺產生的嗜望與認知欲望的生成相反，就算在沒有欲望的狀態下，也能在不自覺發生。

多巴胺與努力的欲望

從那些好不容易戒掉某種癮頭，卻又再次沉迷的人身上，我們可以了解「嗜望」的特性。以一個抽菸抽了十年以上、終於成功克服菸癮的人爲例，因爲整個戒菸過程太令人厭煩了，以至於只要聽到「香菸」二字就會感到厭惡。從認知上來看，他有徹底戒菸的欲望；但即使在這種情況下，一旦看到與香菸相關的訊息或圖像，就會不知不覺產生嗜望，導致再度上癮。這不是意志力太薄弱，更不是知識和訊息不足的問題。

光是在極短時間內生成的潛意識刺激，就可以產生嗜望。由於這種刺激發生在很容易被忽略的瞬間，因此，人們有可能完全沒意識到引發嗜望的線索和動機。在這種情況下，即使增強後的動機表現在行爲上（在不知不覺中伸手去拿別人的香菸），主觀上也可能無法感知到任何變化（我手上爲什麼拿著菸？）；尤其是壓力大的時候，或是例如中樂透等意外驚喜發生時，都有可能再度上癮。

上癮的本質就在這裡，不是愉悅與否的問題，也無關意志力，或是否犯了癮頭。

當然，最初是因爲喜歡才會開始，但隨著時間過去，漸漸對刺激感到遲鈍，於是逐漸增加了使用量，大腦神經也因此發生變化，最後就回不去了。確實，一旦成癮，就會因爲戒斷症狀而難以治療，但這些與成癮有關的現象都不是本質所在。從根本來說，上癮就是多巴胺的作用，與潛意識的「嗜望」有關。

追求刺激或對新事物的喜好程度因人而異，若說這種傾向高的人具備良好的資質和條件，並擁有許多讓自己成長的經驗，那麼嗜望就能產生學習和掌握新事物的積極作用，成爲進步的動力。相反的，如果是那些幼年成長環境不佳，並在精神或物質方面擁有較多破壞性經驗（例如虐待）的人，嗜望就會帶來追求單純刺激和危險、誘發各種中毒行爲的動力。

由此看來，多巴胺與愉悅、享受、喜好無關，而是與動機、欲望、追求有關。即使它不會帶來愉悅，我們仍無條件地渴望它；也是因爲它，讓我們不斷採取行動「追求」事物。因此，一旦多巴胺系統有問題，動機就會出狀況。

多巴胺主要作用在皮質，尤其是在前扣帶迴皮質中，對於參與需要較高認知努力的行爲來說，可說至關重要。與成癮相反，多巴胺水準降低，或是與伏隔核（nucleus accumbens）、扣帶迴皮質（cingulate cortex）連接的白質（white matter）損傷，那麼努力獲得更大獎勵的行爲就會減少。

多巴胺與追求的行爲及主動反應有關，因此多巴胺迴路一旦出現問題，動機就會下降，喪失積極性；如果努力的欲望太低，甚至沒有，那麼就算其他區域再怎麼妥善準備分配資源，一樣沒用。隨著相關神經學研究成果的累積，關於如何利用動機機制，讓「有效努力」最大化的線索，也將逐漸被揭開。

遊戲化：成本變低，價值變高

目前爲止，我們已經從神經科學的角度檢視最佳認知控制分配是如何形成的。只是認知功能再怎麼優異，仍無法完全避免習慣性行爲、衝動、目光短淺的反應，所以偶爾還是會做出與目標不一致的行動。這種行爲若反覆出現，就會引發人際關係、健康、財務等各方面的問題。然而大環境複雜，各種訊息的準確度令人存疑，我們能使用的認知資源和時間有限，因此不可能做出完美的決策和執行；有時也很難掌握什麼比較安全、哪個更好。那麼，該怎樣才能做出好的決定呢？

無論認知分析做得多徹底，我們都無法預測和計算一切，因此有學者建議，我們應該把重點放在「重建環境」；如此一來，就算是直覺判斷，也能做出較好的決策。**資源有限，深**

思熟慮需要花費大量成本，所以應該從環境建置著手，那麼即使未經深度思考，也能做出好的決定。

最容易想到的策略就是「給予獎勵」。我們無法改變人類短視、討厭費力的事實，那麼有沒有方法，讓即使是以「立即獲得獎勵」為目的的行動，也能達成目標？有心理學家建議，可以透過「遊戲化」的方式實現。比方學習、運動、減重等至少需要一年以上努力的長期計畫，往往很難堅持，可以將它們設計成「只要每天按計畫執行，就給自己獎勵」的形式。就像小學生寫完作業後，可以得到「好寶寶貼紙」一樣，不一定要時刻記得遠程目標，但可以透過「達到短期小目標後獲得獎勵」的方式感受樂趣，藉以敦促自己實踐理想，最終達成目的。

只要對獎勵有感，就能看到效果。但就像貼紙無法永遠滿足孩子，總有一天得用金錢或禮物來代替，物理獎勵的效果難以持久，但我們可以試著將長期目標分割成數個短期目標，這種方法也很適合用在養成好習慣的初期階段。只要遵循「短期獎勵行為與長期目標行動一致」的原則，無論用什麼方法，都能有效地實現目標。

自我調節是為了將有限資源用在更有價值的地方，而做出選擇、決策與執行的過程，不是以最低的成本將效果極大化。正如我們將在下一章所介紹的，一個善於自我調節的人，不會爲了實現目標、長期忍受做自己不想做的事，而會預先準備好對策，以避免忍耐；換句話說，就是善於將注意力從不必要的刺激中移開，並活用輔助工具設置環境的人。接下來就來了解一下具體的方法吧。

第二部

提升行動力的預測

很多人之所以覺得辛苦，不單純只是因為忙碌，而是覺得明明付出了這麼多努力，卻毫無意義。但事實上，我們必須整合支離破碎的自我，也就是把「過去我」和「未來我」連接起來，透過現在了解過去、發現未來，人生的意義、目標和方向也就能自然而然地浮現。

在第二部中，我們將討論如何找到意義與方向，並堅定地執行它，以拯救未來的自己。

第五章

自動實現
——設計習慣

設計習慣的核心在於「先發制人的自我調節」，
設置環境，避免不必要的爭執。

人們以為自己了解習慣。儘管許多心理學、哲學、自我啓發的書籍中都不斷強調它，但人們覺得沒有必要為了「習慣」特別找書來看。我們每天在家裡、學校和職場也常說「我還沒養成閱讀的習慣」「真的很難養成運動習慣」「新的一年，我要養成早睡早起的習慣」……每次要開始某項計畫時，最常從我們口中出現的語詞就是「習慣」。

這是設計缺陷，不是缺乏意願

關於習慣，儘管有許多關於它的資訊，但很少有人有能完全自由地管理自己的習慣；更令人不可思議的是，人們很難捨棄不好的習慣，對自己有利的習慣偏偏又很難養成。這是意志力不足的問題？還是根本因為腦子不好？

從結論來說，這是「設計上的缺陷」。只要好好理解其原理，精心設計適合自己的方法，改變習慣一點都不難，只是需要一點時間。這意思是，**如果缺乏「自我理解」，就很難改變自己的習慣**。為什麼會這樣呢？讓我們繼續看下去。

第一次從事某項行為時，總是需要計畫。即使再怎麼簡單，但因為沒做過，所以仍會特別留意和規畫。回想一下第一次騎腳踏車、第一次彈鋼琴、第一次開車，還有第一天上班——進入公司所在的大樓、找到辦公室後，再走到自己座位時的情景。做以前從沒做過的事情時，我們會大量使用大腦；但是當環境不再有太大變化，相對來說十分一致時，即使不特別注意或思考，也可以採取固定的行動：每天固定時間出門、以固定路線通勤、在固定時間到達公司。人類是種就算腦子裡著想別的事，還是能開車走路的一種生物，這都是因爲控制行爲的主體從「我的想法」轉向「環境信號」，所以即便不刻意計畫或留意，當我們從周邊環境接收信號後，還是會自動反應，這就是「習慣」。

因此習慣難以改變，因爲它是經過大腦有效處理的「自動反應」，比起有意識的「目標」，我們受到身處「環境」的影響更大。雖然心裡想著「要說好話」，但常說的髒話還是會突然脫口而出；即使下定決心「要吃對身體有益的食物」，但還是無法抗拒巷口常去的鹹酥雞攤，忍不住買了很多炸物回家；明知道有時間追劇還不如去運動，但下班後總覺得累到不行，一回到家就不自覺以熟悉的姿勢躺下。

把「習慣」變成解決麻煩的萬用工具

即使在心理學領域，過去仍普遍認為養成「習慣」不過是「為了克服某些問題」，而它們是會妨礙目標實現的麻煩和障礙，但這是高估了人類理性、意識與認知能力的西方思潮對心理學產生了支配性影響的結果。近年來，人們對習慣的理解已經產生了相當大的變化。隨著研究人類認知能力的神經科學不斷發展，我們對一次可以處理的訊息量、速度、水準和向度的理解也變得更寬廣。現在的研究者認為，習慣是「不必投入任何認知努力的自動行為，好讓人們能在必要的工作上花費腦力」。人類之所以能在複雜艱困的環境中適應並生存，得益於飲食、睡眠、說話、行動等各種習慣。當然，習慣是一把雙面刃，如果用得好，它們能成為解決很多問題的萬用工具；如果處理得不好，反而會讓我們成為習慣的奴隸。

最終關鍵在於改良習慣的設計並正確使用。為了實現自己想要的東西、想做的事情、生活中重要的價值和目標，我們需要檢視與調整自己的習慣，好讓它們能發揮良好作用。首先，我們將簡單介紹與習慣有關的神經生物學，了解其特徵與形成方式（如果覺得內容太難，也可以跳過下一節），並逐步告訴大家如何改掉舊的壞習慣，養成新的好習慣。

從神經科學看習慣

當習慣行為發生時，大腦中的哪些部位會被活化？負責記憶和保持習慣的腦區是哪些？和負責意識行為的部位完全不同嗎？過去的心理學家認為，習慣行為和目標導向行為是透過完全不同的神經迴路發生，而且互相衝突；但近年來的科學證據顯示，有多個腦區同時參與目標導向行為和習慣行為。

整體來說，在學習和執行習慣發揮關鍵作用的是「體感覺皮質」（sensorimotor cortex），而習慣和目的導向行為很可能是由連接大腦皮質與基底核（basal ganglia，另一個與記憶、學習、運動等功能緊密相關的腦區）的神經迴路負責傳導的。

以解剖學來看，這條神經迴路是由幾個不同的獨立迴圈（loop）所組成。其中，皮質—基底核迴圈（cortico-basal ganglia loops）支援工作記憶（working memory，是短期記憶的一種，對於推理和決策有重要作用）和目標導向行為，並連接前額葉皮質與紋狀體（striatum）所在的基底核。另一方面，與自動和習慣相關的體感覺迴圈，則是將體感覺皮質和運動皮質連接到「被殼」（putamen）的內側和後側。重點在於，儘管從解剖學來看，這兩個迴圈是各自獨立的，卻能透過多巴胺連接，互相影響。

如果連續幾天或幾週重複進行簡單的活動，例如使用握力器，就會發現與目標導向控制有關的前額葉皮質或前扣帶迴皮質活動減少，體感覺迴路中的神經活動則會增加。簡單來說，就是即使越來越少想起目標，即使認知上的努力逐漸減少，還是會反覆做習慣的動作。

前面提到，在習慣形成的過程中，發揮最核心作用的是體感覺皮質。投射到背側紋狀體（dorsal stratium）的多巴胺越多，養成習慣行爲的動機就越高。此外，杏仁核的中央核（central nucleus of the amygdala）和內側前額葉皮質也與習慣的形成有直接關係。

那麼，讓習慣得以持續又涉及哪些部分呢？一旦學會習慣性行爲，就會在皮質區得到鞏固，即使體感覺皮質受到干擾，就算錯過了一、兩次，習慣的效果還是會持續。另一方面，基底核是否參與習慣的長期維持，目前仍是爭論的焦點。

以上是從神經生物學來看習慣是如何建立的。接下來，我們來看看對那些想養成習慣的人來說有實質幫助的內容吧。

習慣是什麼？如何形成？

近三十年來，隨著以習慣為主題的研究激增，心理學界對於如何定義與衡量習慣產生了許多爭論。儘管研究者依關注的焦點不同而有不同的主張，但普遍認同一項事實：**習慣是隨著情況與行為之間的連繫逐漸加強而習得的**。換句話說，在一致的脈絡下，重複行為會增加在特定情況下執行特定動作的自動性。像這樣能達到自動性的行為，多半都具有高效、非意識、非意圖、難以控制這四項特性——不過有些習慣只會表現出其中一、兩項特徵。

這裡暫停一下，先請教各位一個問題：你覺得「經常做出的行為」就是習慣嗎？

過去，心理學研究也會以行動頻率來衡量習慣，但並不是所有重複行為都會變成習慣。

那麼形成習慣的條件是什麼？

首先，**比起重複，在什麼情況下重複什麼行為，也就是情況和行為之間的連結才是核心**。此外，想養成習慣，自動性是不可或缺的。自動性其實是一個比想像中更廣泛的概念，儘管有時能在意識層面捕捉到自動性，但它其實還包括了難以察覺的神經與行為反應。

另外，越是複雜、困難的行為，就越難成為習慣。舉例來說，比起吃喝飲食，運動或讀書更難成爲習慣，這是因爲需要「思考」；有思考，代表自動性會下降。因此，想讓難度高或複雜的行爲變成習慣，需要重複進行的時間就更長。

有一項探討如何在日常生活中養成習慣的研究：九十六名受試者必須先在「健康飲食」與「運動」中選擇一項做爲要培養的新習慣。接著，受試者每天都要寫日記，記錄自己實踐的次數，以及當天若沒有實踐，原因又是什麼。

在分析「設立新目標行爲並落實爲習慣」的過程後，發現在習慣形成初期，行動的重複次數越多，自動性確實越會加速；但到了某個節點，卻出現了不管重複再多次，自動性都不會增加的情況。事實證明，必須度過這個「停滯期」，行爲才能變成習慣。「自動性增加↓停滯↓養成習慣」所需要的時間因人而異。在受試者中，最快養成習慣的人只花了十八天，費時最久的人則花了兩百五十四天，平均需要六十六天，才能讓行爲變成習慣。

另外，養成運動習慣需要的時間比飲食多一．五倍。換句話說，運動是比吃喝更複雜的行爲。正如前面所說，越是複雜的行爲，越難形成自動性，養成習慣需要的時間越長。

很多人可能都有類似的經驗：每次想養成運動習慣或試圖減重的過程中，最大的絆腳石就是「一、兩次的偷懶」。只要一、兩次沒做到，很多人就會乾脆放棄，但這種偶一爲之的偷懶，對於養成習慣來說，眞的會產生負面影響嗎？

其實不然。

研究顯示，對習慣養成來說，一、兩次中斷並不會造成什麼實質上的影響。確實，爲了擁有健康的習慣，需要重複行動，但不會因爲幾天的放鬆就前功盡棄。重點在於，如果持續偷懶一週以上，再次採取行動的機率就會降低，這時就眞的有可能妨礙習慣的形成。因此，就算不得已偷懶了一、兩次也不要氣餒，不讓空白期延長，盡快重新照計畫實踐，才是最重要的。

養成良好習慣的原理與策略

新年新計畫中，最具代表性的就是健康，但要堅持健康的生活習慣並不容易。當我們開始經歷短暫的變化後，會覺得充滿希望，於是積極實踐；但隨著時間過去，又會逐漸回到以前的習慣。一旦確保了自動性，即使處在壓力下，也能維持好習慣；但在做到這一點之前，忙碌、疲憊或心理倦怠都很可能讓我們半途而廢。正如上一章提到的，控制思維、情緒和行爲需要成本，因爲大腦會優先將資源分配給更急迫的問題；就像要是家裡失火，絕對不會有人在這時仍按計畫去運動。

爲了能在不需要額外努力的情況下仍持續健康飲食及運動，我們必須反覆採取行動，直到行爲完全固定成習慣。再次強調，**習慣是「對環境信號的自動反應」**；每當出現這些訊號時，身體就會重複特定行爲，從而養成習慣。

習慣行爲只需要最少的思考或意圖就能產生，只要最初的環境信號持續存在，習慣就能維持。舉例來說，與情人分手後，因爲傷心難過，所以每晚夜深人靜時都會獨自抽菸以撫慰心情——這種狀況和情緒形成了抽菸的環境信號。隨著時間過去，或許會逐漸放下香菸，但若是再度遭遇類似的心情或狀況，就很容易再次打開菸盒。想要改變習慣，不能只改變行爲，應該了解這項行爲是在什麼情況下發生、與什麼樣的環境有關，這才是重點。

倫敦大學學院（University College London）心理學家費莉帕・勒里（Phillippa Lally）蒐集並分析了成功改善飲食習慣的人到底經過了哪些階段，才得以形成新的習慣。結果顯示，想養成良好習慣，需要經過三個階段：

一、開始：啓動行為改變的策略。
二、發展：開發自動性策略。

三、固定：有效的信號設計策略。

第一階段：開始

開始階段需要做的準備很多，**首先要制定方法，成功實踐想做的行動**。以減重爲例，家裡不囤放巧克力、餅乾、泡麵，而是準備牛奶、豆漿、豆腐、水果、堅果或沙拉，肚子餓了就可以吃；上班日的午餐或放在辦公室的點心也另外準備。

第二是營造環境。以下介紹一項有趣的研究，可以看出小小的環境改變會對行爲造成怎樣的巨大差異。將一盤剛出爐、香噴噴的爆米花和切好的蘋果放在同一張桌子上，大多數受試者都會先將手伸向爆米花。如果平時沒有特別注重飲食健康，一般來說，對高熱量、高油脂食物的喜好，會更勝於低熱量、低油低脂的食物。但如果改變了環境設定，會對偏好造成什麼影響？

一樣是爆米花和蘋果，一個放在受試者伸手可及的位置，另一個則放在離受試者兩公尺遠的地方。結果顯示，不管是哪一項食物，只要離自己近，被吃掉的量就會比較多。另外，研究人員分別以「兩者都放在遠處」「兩者都放在近處」「蘋果放近處，爆米花放遠處」和

「爆米花放近處，蘋果放遠處」四種方式，讓受試者自由拿取後，再計算每個人所攝取的熱量。結果顯示，在「蘋果放近處，爆米花放遠處」的情況下，受試者攝取的總熱量下降最多，而且這項結果與個人的BMI值無關。雖然無法改變人們偏愛高熱量食物的傾向，但透過距離的調整，確實可以減少熱量攝取。

第三，改變的關鍵在於時機。繼續以飲食爲例，雖然人們經常苦惱該吃什麼才健康，但大部分時候還是會選擇位置離自己近、容易取得且熟悉的食物。尤其是忙碌或疲憊的時候，沒有時間和心力思考是否營養健康，只想透過高油、高糖、高熱量的垃圾食物獲得安慰。因此，若想改變現有飲食習慣，必須在時間充裕、內心放鬆的時候開始。因爲在初期階段，需要付出大量認知努力和準備，如果在工作正忙或壓力大的時候開始，可能很快就會放棄，失敗的可能性也比較高。

另外，搬家、換工作、結婚、生子等環境有明顯變化或某種新生活展開之際，改變習慣也會相對容易。**習慣總是與環境並肩運作，如果環境改變，習慣也會受到影響，刺激習慣的信號也會發生變化**。熟悉的信號一旦消失，因接收信號而產生的自動行爲（即習慣）也會失去動力，因此人們應該重新思考並決定新的行爲。在意識和意圖介入的瞬間，與自動性的連繫就會減弱，當這些信號改變或消失時，就是實施新目標、改變習慣的最佳時機。

第二階段：發展

發展階段需要什麼？在這個階段，自動性會逐漸增加，因此即使不特別費力或刻意思考，也會變得越來越容易執行。比方說，不需要思考該準備什麼健康的零食，才能在嘴饞時立刻滿足口腹之欲；或是預先設定時間、地點，好讓自己規律運動。當環境具備了立即實行的條件時，自動性的效果就會更明顯。因此我們可以先試著了解習慣的特徵，再慢慢改變自己的行爲模式。所謂「習慣成自然」，就是在接收到環境信號後自動做出行爲。如果想提高自動性，就必須反覆進行，而且不涉及思考，才會成爲「不假思索」的習慣。

環顧四周，我們或許會發現：有些人善於按自己的原則自我調節，有些人卻很容易受到外界誘惑，兩者的差異在哪裡呢？長期研究自我調節的心理學家一致認爲，**善於自我調節的人未必擅長忍耐**。他們不至於對誘惑做出反應，是因爲了解什麼會妨礙目標的實現，也懂得迴避，所以根本不需要忍耐什麼的。爲了實現讓對自己來說眞正重要且有價值的事，我們必須養成良好習慣，並專注於相關的信號，如此一來，就不會對各種誘惑做出反應，而不是一味壓抑或控制欲望。**如果打從一開始就不要製造讓自己產生「做還是不做」的心理衝突，就不會白費力氣，而能將認知努力集中在實踐目標，從而提高成功的機率。**

一般來說，擅長自我調節的人多半不會亂吃對身體造成負擔的東西，也會養成規律睡眠、運動、讀書或工作的習慣。養成良好習慣能保護我們免受欲望衝突的影響。要記得，強迫忍耐和實現目標是兩回事，我們需要了解的是該把認知資源用在哪裡才對；如果把想法和努力都用在「忍耐」上，就沒有力氣去「執行目標」。不是強迫自己忍耐不吃炸物甜食等重口味的食物，而是根本不去想也不接近那些食物，這樣才能成功養成健康的飲食習慣。自媒體當道的時代，許多人喜歡看「吃播」影片，看別人在鏡頭前如何大快朵頤。表面上似乎沒什麼害處，但很可能會產生不可忽視的負面影響，引發不必要的誘惑：讓人想吃原本想都沒想過的東西，並不斷尋找新的刺激。長遠來看，會在無形中造成莫大損失。

那麼，想集中注意力的話，該怎麼做比較好？試著創造一個能讓自己在規定時間內完全專注的環境吧。當我們打開「專注」的開關、設定一個任何刺激都無法干擾的環境時，就能提高自動性的效果。

有研究顯示，念書時把手機拿到房間外的學生，達成學習目標的機率，會比那些把手機擺在旁邊、必須格外努力才不至於受影響的學生更高。整理環境，預先隔絕會造成妨礙的刺激，就是「先發制人」的自我調節。善於自我調節的人，不是明明下班後正要去運動，結果接到朋友電話邀約去吃炸雞，所以努力強迫自己擺脫誘惑的人，而是決定在運動時間內不接電話，最大限度減少外在誘惑、專注於目標的人。只要依自己的意志形成習慣，預先設定對應方法，不需要其他特別的能力，任何人都可以掌握自己的生活模式和傾向，改變與習慣相關的信號，設計有利於實現目標的環境。接下來，我們看看該如何讓好習慣固定下來。

第三階段：固定

習慣與環境信號息息相關，穩定可預測的環境對習慣的養成來說，有很大的幫助。比方說，如果公司規定「自行準備含全穀及蔬菜的午餐便當，並在飯後散步三十分鐘」，就可以運用這種環境的穩定性與可預測性來幫助自己養成習慣。但不用上班的週末該怎麼辦呢？

如果沒有特別要求自己，很容易就會回歸過去的習慣，心想：平常上班都照做了，週末休息一下應該不爲過吧？但就是這樣的想法，才讓人容易違背目標，離自我健康管理越來越遠，所以必須另外自行訂定非工作日的方針。環境不同，觸發習慣的信號也會不同，必須因地制宜，設計適合在家執行的方法。比方說，雖然目標是「有益健康的飲食習慣」，但難免會想吃明知不健康的東西，那麼就安排在運動後再吃。又比方說，爲了考取證照，必須用功念書，但又很想追劇，可以先規定一段專心念書的時間，等到完成後再追。以這種具備一定彈性的方法，會更有幫助。

爲了更扎實地養成平日騎自行車上下班的習慣，需要單獨制定規則；比方說，週末也騎自行車去超市。爲了在任何環境下都能做出相同的行動，必須依環境事先設計。只要留意觀察特定行爲的脈絡，就能看出哪些信號會引導自己多做或少做什麼事情。行爲可以經由對象、地點、人物等特定信號觸發（例如只要看到某人就會想喝酒），只要根據以前的行爲（例如因爲對方曾說過的話而對他特別慷慨）或特定時間（例如晚上十點左右就會想吃泡麵）仔細觀察自己的行爲模式，就能更明確了解哪些情緒、想法、行爲會引導下一步的行動。

制定改善健康的計畫

事實上，最好的習慣改善計畫不是來自專家，而是你自己。因爲只有你最清楚自己拿什麼沒輒、容易對什麼動搖，才能有效避免可預見的誘惑，並在獲得小小的成就時給自己鼓勵，進一步達成更大的目標。專家們的規畫其實也沒什麼特別的，以建立健康習慣的例子來說，英國進行過一項以一百零四位肥胖成年人爲對象、爲期八週的計畫，並在計畫結束後再追蹤八個月。研究結果顯示，即使是很簡單的行動，只要持之以恆，也會產生影響。

研究小組提供了有助於建立健康習慣的十項訣竅，並附上紀錄表，讓受試者自己制定規則並記錄如何執行。結果有一半以上的受試者成功在八個月內減重至少五公斤。以下就是這十項訣竅：

一、三餐定時。
二、選擇一項自己每天都能做的運動。如果沒有特別安排，就每天步行一小時。
三、事先準備健康零食（要放在比巧克力或餅乾更容易取得的地方）。
四、不買高油高糖食物。
五、工作時設置鬧鐘，每小時要站起來活動五分鐘。
六、不喝含糖飲料，經常喝水。
七、不要邊吃飯邊看手機或電視，坐在餐桌前專心地細嚼慢嚥。
八、每天吃五種蔬菜或水果，即使少量也沒關係。
九、每天量體重。
十、詳實填寫飲食日誌（吃、喝都要記錄）。

如果你也想養成新的健康習慣，可以參考並修改成適合自己的方式。其中，第九項和第十項對維持良好飲食習慣最有效。每天在固定時間量體重並記錄飲食，能幫助自己檢視體重的變化及飲食內容；紀錄的累積會讓人覺得很有成就感，即使中間放縱了一、兩次，也能很快再度回到軌道上。用這種方式了解並檢視自己的進步，不僅有助於飲食控制、養成運動習慣，也能運用到其他層面，例如為了自我提升而學習、閱讀或靜心。如果覺得自己的執行力不足，可以邀請有類似目標的朋友一起進行，共享日誌，互相交換意見、給予回饋。紀錄不需要長篇大論，只要簡單寫重點即可。要能持續進行，最重要的就是執行步驟不能造成自己太大的負擔。

當聰明的習慣遇見想追求的目標

再次強調，**習慣是「根據情境做出的反應」**。習慣一旦養成，只要意識到相應的環境或狀況，就會自動觸發反應，不必特別費心費力或思考，就會採取行動。即使一開始期待透過達成目標獲得獎勵，但隨著習慣逐漸增強，就算與獎勵或目標無關，也會自動採取行動。換句話說，習慣很少受到目標或價值變化的影響，但兩者仍有緊密的關連。習慣與追求目標的意識之間，主要透過兩種方式產生交互作用。

首先，在追求多個目標的過程中，**將特定情況和行為結合並重複，就會形成習慣**。剛開始時，我們會以目標和知識確立行動的框架，再透過重複逐漸學會捕捉與反應相結合的環境信號，以進行學習。此外，還可以透過提高對特定刺激的注意，以及確定行為結果的價值，來促進習慣形成。考慮到目標導向行為與做為習慣行為基礎的神經迴路間有許多連結（不論直接或間接的），我們可以說，目標透過許多途徑影響習慣的形成。

在習慣形成的過程中，大腦的習慣系統和行為控制系統在許多部分是重疊的，這是以能引發自動行為的神經機制為基礎，並符合神經系統演化的事實（支持更精細的功能）。

其次，一旦形成習慣，就能以預設反應來追求目標，認知成本也會跟著降低。因為大腦的資源和認知努力有限，很難每次都產生新的決策和行動。尤其是時間緊迫或注意力不集中時，疲勞和壓力會導致我們難以充分思考，於是依靠習慣行動；而在臨場應變能力下降時，習慣也會立刻將行為控制交給環境信號來應對。所以儘管我們的內心變化無常，卻還是有辦法堅守既定的目標和計畫。由此可知，習慣是一個非常聰明的系統，因為它能有效地利用環境的規律性。

第六章

做出更好決定、更好選擇的祕密——解釋層級

隨著心理距離不同，解釋層級也會不同。
有趣的是，當解釋層級改變，
心理距離也會改變。

在第四和第五章中，我們談到了努力的成本和節省成本的策略，也就是習慣。大腦以「期望值控制」最大化的方式使用資源。就在閱讀這本書的這個瞬間，我們的大腦也在為降低成本和取得最大化價值而選擇：你之所以繼續閱讀，可能是因為很有趣，或覺得雖然沒什麼意思，但可能對自己有幫助。決定一件事做或不做、重不重要，會根據「以什麼為焦點進行分析」而有所不同。

人們對自己的喜好往往十分堅持，購買或挑選東西時常有「一定要這個」或「絕對不那樣做」的想法，但實際上的行動或選擇卻會根據狀況和邏輯產生變化，因為每次覺得重要的地方都不同，所以很容易讓旁邊的人覺得：「你到底怎麼了？」而能說明這種差異的概念，就是「解釋層級」（也稱為「構念層次」）。

說到未來，你首先會考慮什麼？這個答案會根據每個人的解釋層級而有所不同。同樣談論未來，對於長期與短期的想法不同，對應方式當然也有所差異，那麼我們該如何理解和運用呢？

解釋取決於心理距離

紐約大學心理學家雅科夫．卓普（Yaacov Trope）和臺拉維夫大學的妮拉．李柏曼（Nira Liberman）提出了一個非常有趣的原創概念——「解釋層級理論」（construal level theory，或譯「構念層次理論」），也就是距離的遠近，會影響人對事物的想法。

依照解釋層級理論來看，人們會根據不同的心理距離，對事物做出不同的解析，進而產生不同的判斷和行動。這裡的**「心理距離」包括時間、空間、社會距離、假設距離四種**。比方說，六個月後才要出發的旅行感覺還很遙遠，因此對於「旅行的意義」這類本質性的思考，就稱為「高層級解釋」；相反的，下週即將啟程的旅行，會考慮要帶什麼包包、準備多少旅費等具體的事情，這類想法就叫「低層級解釋」。

由這一點來看，如果是為了幾個月後的旅行尋找相關商品，較有可能點擊帶有「療癒」「與自己相遇的旅行」等較抽象關鍵字的商品；但如果兩週後就要去旅行，那麼「超值優惠」「半價促銷」「限時搶購」之類較具體的關鍵字，更容易吸引注意力。

蒐集人們在社群網路上使用的關鍵字，再進行大數據分析的結果顯示，人們使用字句的性質，會因社交關係的距離而異。這種心理距離從遠到近依序爲：外國人、陌生的本國人、同事、鄰居、朋友、家人。心理距離越近，使用的字句就越具體。

實際溝通上的差異也很有趣。寫信給遠方的對象時，主要會使用能克服空間距離的抽象字句；如果對方離自己不遠，則會使用更多具體、日常的字句。

即使我們沒有特別意識到，我們也可以根據心理距離，對不同人事物進行不同的解釋和應對。這件事情的意義是什麼呢？這表示每個人都能用不同的方式解析相同的訊息，並有可能根據解釋做出完全相反的決定或行動。對於時間和距離還很遙遠的事或不熟悉的人，人們較傾向於採用抽象思考，以縱觀事物的全貌，但稍有不愼，就會錯過重要的細節。例如，你可能在未考慮到時間、費用、精力等現實問題的情況下，決定接下一年後才要執行的專案，或簽約買了房子，等到實際搬到新家時才覺得後悔。但如果每天只專注於短期的具體思考、致力於解決眼前的問題，很容易會感受到隨波逐流般的疲憊。當然，生活需要手段（低層級解釋）也需要目標（高層級解釋），因此我們還是可以視情況選擇，運用合適的資源。

「值得期待」與「能否實現」

與實際發生的事相比，人們在思考尚未發生的假設情況時，往往容易省略細節，所以即使對遙遠的未來有什麼大膽的想像，但隨著時間逐漸逼近，我們往往會改變想法。同時，我們也傾向於對不可能發生的事情採取抽象思考，對發生機率較高的事進行具體思考。

研究人員在一項以大學生爲對象的實驗中觀察到有趣的現象：假設在選課時要求學生依「好教授」與「便於到達的教室」兩個選項做出選擇，學生會根據具體情況而有不同決定：對於很可能開不成的課，學生會以「雖然教室位置偏遠不方便，但還是很想聽好教授講課」爲由，做出理性的決定；相反的，對於開課可能性高的科目，學生則會以「雖然教授的評價還好，但教室位置很方便」的現實條件做爲選擇的關鍵。

決定要不要做某件事時，我們首先考慮的是期待值和實現的可能性；也就是在做出某種行爲前，先判斷結果是否值得期待，並觀察達到目標的手段實際上有沒有實現的可能。根據解釋層級理論，時空距離越遠，就越傾向於考慮期待值；而對於較近的未來事物或對象，對可行性（有效性）的思考就越多。

根據實現的可能性進行準備

另一方面，當我們認爲某件事情既不是以前做過，以後也不會做時，大腦對它的準備就會少一些；如果是「以前做過的事情」或「未來可能會做的事」，大腦就會根據同樣的神經網路來處理其內容的有效性和實現可能性。

正如第一章所提到的，當我們想像未來和回憶過去時，參與其中的神經迴路幾乎是重疊的。我們使用同樣的大腦神經網路仔細回顧過去，並以此爲依據模擬今後會發生的事。只要不是立刻發生在眼前的事，不論是昨天的事還是明天的事，幾乎都會以相同的神經網路處理它們。

處理諸如回憶過去或想像未來等不具即時性的任務時，大腦中的「腦島」（insula）活動會減少。腦島是與主觀性和意識感知直接相關的區域，它能讓我們知道「我做了」和「別人做了」之間的區別。第二章曾提到，由於我們把未來我當成他人看待，因此越是遙遠的過去或未來，就越難感覺這是「我的事」。

低層級解釋與具體性的力量

你是否曾在看電影時，因劇情太緊張而閉起眼睛？當我們把自己投射在主角身上時，會隨著主角感到憤怒、悲傷、恐懼，彷彿那是自己的情緒般；即使不是親身體驗，也可以透過影像、圖畫，甚至是文章或詞句來驅動大腦。因為在閱讀某個詞句並理解其涵義的瞬間，受到活化的是整個大腦，而不只是特定區域。比方說，只要看到「刀」這個字，大腦就會出現閃躲它的迴避反應；看到「蘋果」這個詞，與吃蘋果這項行爲相關的神經細胞就會活化。我們可以說，大腦具有在意識未參與的情況下進行預測和準備的能力。

但大腦的這種卓越能力，有時也會讓我們混淆現實與想像。就算不是會產生幻覺和幻聽的思覺失調症患者，也不使用虛擬實境技術，任何人仍可能經歷這種混亂；尤其當想像越具體時，就越容易信以爲眞。包括事件發生的時間、地點，聲音、觸感、行爲等，想像越生動具體，就越容易與現實搞混，歪曲記憶。

一般來說，越是抽象的想法，與現實混淆的可能性就越小。例如一聽到「動物」，腦中多半會浮現貓、狗、雞、鴨或前幾天在照片中看到的動物，但如果聽到的是「家人（或朋友）養的狗」，就只會想到特定的動物形象，因爲這時大腦所產生的神經活動就如同實際上看到那隻狗一樣。從大腦的角度來看，具體的想像和親眼所見幾乎沒什麼兩樣，於是當我們清楚地想起某人時，就會產生對方彷彿就在眼前的感覺。

而當我們讀到例如「請開門」這種描述特定行動的句子時，大腦內部與此動作相關的運動神經就會活化。有趣的是，如果出現的是「不要開門」這種否定句型，該領域的神經活動則會明顯減少。

另一方面，當我們讀到比方抽象的「清理」和具體的「擦拭」兩種意思相近的詞彙時，會發現運動皮質的活化程度有所差異。動詞越具體，與行爲計畫和目標相關的大腦區域（即頂下小葉）就越敏感。

那麼，如果想讓計畫或想法成功化爲行動，需要設計什麼樣的訊息呢？答案是**以具體詞彙寫成肯定句**。例如「早上六點翻開《○○○》，至少看完一頁再出門」比「早上讀書」好；「晚上十點半關掉手機，十一點睡覺」會比「睡前不玩手機」更容易實踐。

高層級解釋與抽象性的力量

對於很久以後的行動，我們會以價值爲中心思考；如果是不久後的行動，則會以實現的可行性做爲判斷依據。但有趣的是，只要改變解釋層級，就會產生改變心理距離的效果。就算不是很久以後的事，若以高層級的抽象解釋來引導，人們就會以「價值」和「目的」爲中心思考；相反的，如果用低層級的具體概念來解釋，則會傾向於以可行性或實用性爲核心來思考。

這對個人和組織意味著什麼？

如果一個組織的領導者能以高層級概念來解釋自己的工作或任務，經常傳達以價值和目的爲中心的訊息，那麼組織成員也會以長遠的眼光來看待自己的工作和組織。即使遇到困難或失誤，仍能保持明確的目標意識，並以更理性的方式應對，而不會只是當成個人問題。

另一方面，如果領導者傳達訊息時把焦點放在「可行性」「節省成本」「解決具體問題」等方面，組織成員也將只考慮短期效果，或是只重視有辦法實現的事，使得眼界變得刻板而狹隘，只願處理自己分內的工作。遇到困難時，則很容易歸咎爲個人疏失或無能，並因此受挫。

當然，如果只接收到抽象訊息，所採取的行動就會減少，將導致工作進度停滯。這時候就需要調整成低層級的溝通和檢視。但如果遭遇的是外部支援或內部條件都不足的艱困情況，這時需要的是挑戰和忍耐，透過高層級訊息鼓勵組織成員將眼光放在更長遠的未來，會比較有幫助。

解釋層級理論的個別差異

正如前面所提，想提高行動力時，需要低層級解釋；但過度重視眼前的目標，反而容易遭到蒙蔽。在職場生活中，因為當下發生的問題而感到困惑時，應觀察自己是否過於偏重以低層級解釋來思考和處理工作。

無論是出於個人性格或遭遇的狀況，有些人傾向採取高層級解釋，有些人則習慣進行低層級解釋。經常以高層級解釋進行抽象思考的人，會把他人的評價當成自我理解與發展的過程，因此即使是負面批評，也寧願以明確、實際的方式回饋，因為表面的稱讚和恭維無法提供有助於自己的資訊。換句話說，就是沒有任何意義。相反的，習於以低層級解釋進行具體思考的人，往往會對當下的細微線索做出敏銳反應，因此較偏好得到立即且正面的回饋。

在以工作評價爲關注焦點的社會裡，高層級解釋者遇到負面評價時，會思考如何改進；低層級解釋者則往往會把對工作的評價視爲對個人的批判，進而表現出迴避或情緒化反應。相較於儘管不太好聽，但對自己眞正有益的回饋，他們更想聽到的是「做得眞好」這種肯定。所以工作發生失誤或問題時，很容易把焦點放在他人的指責和批評，而非改善工作，使得情況更加惡化。有時甚至會扭曲周圍人們的意圖，做出錯誤的判斷。

在實際生活中，經常發生多種相互作用同時進行的狀況。比方說，例如組長是高層級解釋者，組員爲低層級解釋者。由於組長能理解負面回饋的長期效益，因此當業務發生問題時，更有可能只給予小組成員需要的現實性回饋，把重點放在要努力和改進的地方；但組員更有可能在自己的努力工作沒得到肯定和鼓勵時感覺沮喪，甚至是憤怒。

「組長，我已經盡力了，整個禮拜幾乎都沒好好睡覺。你不知道就算了，還只會挑我的毛病，眞是太不公平了！」

像這樣直率地說出自己的心聲，眞的就能解決問題嗎？以組長的觀點來看，這個組員只是想「討拍」，是個不成熟的人；以組員的角度，則會認爲組長太嚴格、缺乏包容力。

儘管領導者與團隊成員之間確實存在意見分歧和經驗差異，但我們在這裡要關注的是解釋層級，這會影響對他人行為的期待和推測。高層級解釋者在看到他人的行為時，會思考該行為背後的抽象與長期目標，進行推論和應對；低層級解釋者則傾向於將外顯行為視為對方的特質。解釋任何行動或狀況時，我們若能考慮到解釋層級差異產生的影響，就能更細膩地理解與判斷。

解釋層級與好感度

人們常會透過行為來判斷他人，就算是突發行為，也會反應出一個人的固有性格。越來越多神經科學與心理學研究表明，人類的想法和行動有很強的脈絡性，在無意間對情境線索做出反應後，為了讓自己接受已說出口的話或合理化已做的行動，而形成具有一貫性的邏輯——維持一貫性有利於預測自己和他人的行為，同時消耗的認知能量也較少。但由於情況變數太多，且會在不知不覺中互相影響，所以實際行動往往會偏離我們的預測，人們也會因為自己意料之外的反應而感到困惑。

尤其是，人們更容易對心理距離較親近的人事物進行具體解析，會根據前後脈絡理解並採取行動。另一方面，由於缺乏情境資訊，因此我們很可能會在不理解脈絡的情況下，對心理距離較遠的對象進行抽象解析。

解釋層級也會影響我們對某人是否有好感。舉例來說，人們常受到與自己相似的人吸引；當然，有時我們也會被與自己完全相反的人吸引，但這種差異仍可用解釋層級理論來說明。

一項研究顯示，進行低層級解釋時，相似性能讓我們對他人抱持好感；以高層級解釋思考時，非相似性反而能讓我們產生好感。也就是說，當關注重點放在對方的次要或微小特徵時，相似度越高，好感度就越高；但若認爲那些瑣碎的特徵很奇怪或令人生厭的話，好感度就會急遽下降。這是因爲事物越微小、越具體，人們就越感到熟悉；若是談論人生目標或理想這類抽象話題，則較容易被陌生或與自己完全相反的人吸引。焦點不同、思考模式不同，都會影響我們對他人的判斷和感受。

站遠一點，才能看見人生的方向

花在思考未來的時間和精力越多，就越傾向於抽象思考；而對於心理距離較遠的人事物，由於能掌握的即時資訊較少，也就不會經常改變判斷。不同於以往多從長遠的角度來看待生活，隨著網路及數位科技發展，我們時時刻刻都暴露在新的刺激之下，如果不另外接收有關人生目標和價值的資訊，要獨立思考是很難的，因爲有太多事物和問題會奪走你的注意力。

面對這麼龐大的資訊量和可能性，會讓人無法判斷、難以抉擇、不易專注，甚至感到混亂。如果你因生活忙碌而感到鬱悶，不妨暫時脫離一下，思考未來的自己，以解釋層級和心理距離爲基礎，來一趟充實的心靈之旅；所謂「距離產生美感」，就是這麼回事。

比方說，你可以爲未來的某個特定時刻制定特別計畫（想想那時候的自己會在哪裡做些什麼），或是寫封信給未來的自己、進行假想對話，提升高層級解釋的效果。因爲只有站得遠，我們才能以更寬廣的視角看見方向、意義和價值。

與短期的利益或欲望相比，「價值」對人們的即時行動似乎沒有太大的影響力；但在攸關未來的決策或行動意圖上，卻是非常重要的因素。尤其是當我們必須做出不可逆的選擇時，價值不僅會影響意圖，也會影響行動。雖然不是馬上就能看見，但價值會在關鍵時刻發揮力量，引領生命的流動。如果你覺得自己無法看清人生的優先順序、覺得一切都雜亂無章，不妨想想十年或二十年後的自己與珍愛的人們：想像一下自己年老時的模樣，思考到了那個時候，對自己最重要的會是什麼？會有什麼樣的心境？現在的自己應該如何選擇，才能讓未來符合自己想要的樣子？透過這樣的練習，檢視對自己眞正重要的價值與人生的優先順序，自然就能找到前進的方向。

遇見未來的你

解釋層級轉換練習

研究顯示，只要透過下面簡單的練習，就能提升對高層級與低層級解釋的理解。諸事不順、需要轉換想法時，不妨試著做做看。工作上遇到意見分歧時，也可以與團隊成員們一起進行。

高層級解釋的練習

① 發生了什麼事？

②思考這件事情的重要性和意義。可以想想自己認同和重視的價值、長期目標、事件對自己的意義、事件的背景或脈絡。想到什麼就寫什麼。

低層級解釋的練習

①發生了什麼事情？

②具體想像一下這個事件會如何發展，想想會看到什麼、聽到什麼、感受什麼、會有什麼心情。想到什麼就寫什麼。

遇見未來的你——解釋層級轉換練習

第七章

如何形成
對自我的信任
——自我效能

「我做得到」的信念
對自我調節有很大的作用。
這種信念能趨使我們朝著
自己想要的方向前進。

自我調節的生活技巧

爲了按部就班完成該做的事、維持良好的人際關係，並過著更滿意的生活，最需要的能力是什麼？答案是**「自我調節」，也就是根據目標引導自己的專注力、想法、情緒、行動等能力，可說是生活中最需要的技能**。在心理學中，自我調節是研究最多的主題之一，許多研究顯示，良好的自我調節能確保更好的學習成績、工作表現、收入、人際關係、滿足感與健康狀態。

自我調節也可說是爲自己的思考、情緒和行爲設定不同的目標與期望，並藉由大大小小的成功或失敗，決定要追求哪些目標、訂定相關計畫並執行、如何不受外界干擾而能持續追求，以及決定要堅持到底或調整方向。

過去的研究多爲探討爲了達成長期目標，人們會透過什麼方式抑制衝動、管理情緒和行動；尤其在長期目標與當下誘惑相衝突的情況下，試圖找出爲什麼有人能做得很好，有人卻經常失敗。

這種既存觀點著重於我們如何抵抗或克服誘惑、衝動和情緒。但人類的大腦擁有預測能力，因此不會只是單純針對情況反應，而會在事件發生前就做出預測並想好如何應對。隨著神經科學證據的累積，心理學家對自我調節機制的理解也變得更加深入。近年來，越來越多研究集中在主動的預防性策略上，從而能以較少的認知努力採取符合理想的行爲。

對自我能力的預測

近期研究的一項共通點是，情境與主觀解釋在自我調節中有非常重要的作用。再次重申，人類不只會單純對刺激做出反應，也會預測並解釋環境線索，再根據自己的主觀判斷回應，即使是潛意識做出的快速或自動反應也一樣。預測和理解會影響所有行爲，其中對自我調節有直接影響的關鍵預測之一，就是**對自我能力的信念，也就是「自我效能」**（self-efficacy）。

率先提出「自我效能」的心理學家亞伯特・班杜拉（Albert Bandura）將之定義爲**「個體對自己在特定情境中能否達成目標所抱持的態度或信念」**。

「自我效能」經常被誤認爲是「有自信」或「能力強」的同義詞。但這並非模糊或一時的自我感覺良好，也不是事事都能成功的自信，而是**在特定條件下，能以自己的技術或能力完成目標的認知——不是認定自己「做得好」，而是相信自己「做得到」，並知道怎麼做。**自我效能高的人普遍擁有許多對健康有益的好習慣，在學習或工作上也會獲得不錯的成果。即使遭遇考驗或挫折，也擁有很強的復原力，並具備良好的抗壓性。

那麼應該如何培養高度自我效能呢？

首先，我們來看看對自我效能的五項誤解。

對自我效能的五項誤解

第一，**自我效能並不等於對結果的期待**。自我效能的概念中包含了「成果預期」和「效能預期」兩項相關因素。成果預期是「伴隨行動而來、對結果的判斷」，效能預期則是關於一個人「是否相信自己有能力調動資源以執行某項行動，並得到自己想要的結果」的認知。比方說，「一定要通過檢定」是成果預期；而將通過檢定設爲目標，思考爲了達成目標需要哪些策略與行動，並評估這些行動能執行到什麼程度，則是效能預期。當然，二者之間有密切的關係且會互相影響。如果明確了解通過檢定需要做什麼、自己能做到什麼程度，合格的機率會就比較高。不過兩者仍屬於不同的概念。

第二，自我效能與是否精通或勝任無關，而是預期自己在某個領域能變得精通，並得以勝任。

第三，自我效能與意圖是不同的概念。意圖是「要做什麼」，自我效能則是「能做什麼」。意圖會受到許多因素影響，其中包括自我效能；自我效能除了能直接影響行動，也可以透過意圖間接影響行動。

第四，自我效能並非一成不變的個人特質，它會隨著情況變化，也會經由練習而有所改變。

第五，也是最重要的一點，自我效能不是一般的、範圍廣泛的期待，而是只聚焦在特定領域。例如人際關係、運動、減重、學習外語、廚藝、演奏樂器等，必須先有明確的限定範圍，才能討論或測定自我效能。因此，要討論自我效能高或低，必須先確定領域，並具體掌握符合該領域的特性，才能評斷。

例如以減重爲目標制定計畫，如果自我效能高，就代表具備了相關知識或資訊，知道該怎麼做才能達成目標，並已規畫好一系列的行動。

因時制宜

自我效能不僅會根據討論主題的難度和挑戰程度變化，也會根據狀況改變，尤其要注意那些可能讓人難以按目標執行的狀況因素。

比方說，試圖戒菸的人，其自我效能會受到人與地點的影響。假設某天剛好遇到過去常一起抽菸喝酒的朋友，不得已暴露在大家都吞雲吐霧的情況下，自我效能當然會變低。但也不能只憑這一點就斷定自我效能很低，重要的是不論較容易或非常難以達成的情況，都需要通盤理解與檢視。

又比方說，不是執著於「減重效果有多好」，而是要考慮自己的決心在什麼狀況下可能比較容易動搖，或許是看電視時、心情不好時、有人請吃高熱量點心時，或是和朋友聚餐時。要掌握各種會影響減重行動的情境，並預想在各種情境下堅持原則的可能性。

創造自我效能的五項要素

那麼，自我效能是如何形成的呢？學者表示，這是五種不同來源資訊整合的結果：**直接經驗、間接經驗、語言說服、虛擬經驗、生理和情緒狀態**。

首先，直接經驗是對自我效能影響最強烈的因素。比方說，接到一項新任務時，如果以前做過，就能預期它不至於太困難；尤其是之前若有過「努力完成後得到好結果」的經驗，再次執行時的自我效能自然會提高。

第二，即使沒有親自嘗試過，也可透過間接經驗產生自我效能。來自周遭人們的「二手經驗」也很有影響力：透過觀察他人的行為，了解怎麼做會帶來什麼結果；尤其是觀察那些正處於艱困環境或正在解決棘手問題的人，思考當自己遇到類似情況時，怎麼做比較好。經此過程形成的自我效能，根據觀察對象與自己的相似程度不同，受到的影響也有所不同：如果對方與自己很像，我們很容易就會預想「我也可以」或「看來我應該不行」。而除了與對方的相似度，彼此的親近程度也會對自我效能的高低產生影響。間接經驗對自我效能的影響雖比直接經驗弱，但由於我們不可能體驗所有情況，所以仍是非常重要的來源。

第三個要素是語言說服，指的是他人對我們的能力和成功機率的評論。在這方面，說話的人尤其重要，若是由具備專業性、信賴度、魅力的人來說，會更有說服力。不過語言說服的效果是暫時的，其持續效果低於直接和間接經驗；但如果對方是自己信任的人，並且經常給予支持，就能發揮強大的力量。

第四是虛擬經驗。許多專家會設計與直接經驗類似的虛擬體驗，來觀察受試者自我效能的變化。比方說，想像自己在頗具挑戰的狀況下成功完成訓練的情景，可提高受試者在各種任務中（例如運動或工作面試）的自我效能。另外，使用目標與現實障礙對比的心理對照，也證實有助於將自我效能轉化爲實際行動。

最後，**生理和情緒狀態也會對自我效能產生影響，尤其是生理不適時，更會覺得自己無法好好行動，甚至失敗**。這種生理與情緒的連帶狀態很容易對自我效能產生負面影響。當我們感到不安、疲勞或疼痛時，會更加懷疑自己能否好好完成該做的事。這時候，如何解釋成了決定性關鍵：怎麼看待自己此刻的身心狀態，將對自我效能和實際行爲產生重要影響。例如走上講臺，準備對一大群觀衆演講，並覺得心臟快速跳動。若你認爲是自己「走得太快」，就不至於太緊張；但如果你覺得這是因爲「擔心失誤而緊張」，焦慮就會增加，使得自信心低落、注意力被分散，也就很難專注於演講了。

自我效能對自我調節的影響①：目標和動機

自我效能會以不同方式影響自我調節。首先，它直接影響我們對目標和課題的選擇。自我效能高的人往往會把目標設得很高。因爲他在該領域有成功經驗，或是看到身邊的成功範例是與自己能力差不多的人，或是很信任的人給予正面鼓勵，因此提高了自我效能，期待達成設定的高標。

自我效能對「動機準備」也有很大的影響。**動機準備是指根據某項期望而行動的傾向及準備。自我效能越高，動機準備也會越高，想法和行動的差距就越小。**動機準備是自我調節的直接前兆，因爲它增加了實現目標的可能性。

自我效能會影響我們如何選擇和計畫，如何分配包括努力在內的各項資源，如何在遇到困難時堅持不懈，以及如何應對結果與目標的落差等。學習或工作不順時，自我效能低的人容易懷疑自己，自我效能高的人則會爲了提高完成度而更加努力。即使狀況不佳、達成目標的決心出現動搖或階段性成果不夠好，自我效能高的人也不會輕言放棄，而會堅持到底。耐心會帶來更好的結果，最後成功的經驗又會提高自我效能，形成良性循環。

自我效能對自我調節的影響②：回饋與解釋

許多人都渴望能有位經驗豐富、知識淵博的專家，對我們的工作給予建議或回饋。尤其在變化快速的時代裡，「我做得好嗎？」「這樣做對嗎？」之類的擔憂越來越多，但諷刺的是，幾乎所有組織都會出現「我們公司只會不斷要求，才不可能給員工什麼回饋」的話；也就是說，能得到良好回饋的機會少之又少。

話說回來，要求回饋的動機未必都是爲了自我改善。研究組織回饋的學者認爲，人們期待獲到回饋的原因有三個：

第一是直接運用回饋的內容。爲了達成目標、調節行動，人們會尋求具有價值的建議，藉此了解哪些行爲有助於適應環境，進而減輕自己對融入組織的焦慮。

第二是爲了自我保護。由於回饋中包含關於「我」的訊息，因此必然會引起情緒上的反應。儘管我們需要準確的資訊才能完成目標，但大部分人想聽到的其實是對「我」或「我的工作」的善意評價。因此，人們經常迴避、扭曲或貶低令人不安的訊息，以維護自己的形象。

第三是想給他人留下良好印象。當人們表現出色並希望得到認可時，往往會尋求回饋；結果不如預期時，則不願意聽到別人的指教。如果預料到別人對工作的回饋將有損自己的形象時，那麼就算對工作有幫助，也不想聽到。

當我們「想獲得回饋」時，多半是出於以上三種動機，其中，與自我效能密切相關的是第一種動機。自我效能越低，越想馬上聽到能讓心情變好或正面的評價；但事實上，你希望聽到的不是回饋，而是稱讚。至於自我效能高的人，則更願意接受有助於自己成長的資訊。

另外，自我效能也會影響人們獲得回饋的動機和反應。人類並不會接受資訊原本的面貌，而是會以自己的方式解讀，尤其是涉及工作的個人評價，因此明明是一樣的回饋意見，在不同人心裡卻可能有完全不同的解釋。在自我調節中，**回饋與對回饋的反應非常重要，因為與目標實現相關的自我效能，是決定目標導向行為中情緒反應的主要因素，而這些情緒反應會強化或削弱自我調節**。相反的，如果相信自己正在順利實踐目標，就能在心理上感到滿足、充滿動力，毅力與韌性也會增加。此時對執行過程的回饋不僅能促進目標實現，也調和了自我效能與成效之間的關係。回饋能幫助人們具體監測自己的行動進度、進行更多心理對照，靈活對應自己的目標和現在面臨的困難。

自我效能也會影響問題的解決方針和決策。尤其是面對複雜的問題時，比起懷疑自己能力的人，有自信解決的人更能理性思考、做出更好的決策。發生問題時，自我效能高的人會專注在工作或狀況的變化，集中精力解決；自我效能低的人則會把注意力放在自己身上，滿腦子只想著自己做錯了什麼、自我指責，而沒有心力去解決眞正的問題。這兩種人在失敗的歸因上也有不同的傾向：自我效能低的人認爲是自己能力不足，把失敗當成整體且持續的負面信號，預期自己未來也不會成功；自我效能高的人則認爲失敗只是暫時的努力不足、訓練不夠，卻不會影響他追求成功的決心。

在目標設定上，自我效能高的人喜歡學習型目標（能親眼看到自己的進步）更甚於成就型目標（能展現自己的能力）。喜歡挑戰，態度積極，即使遇到困難，也能不怕挫折，追求經驗值的累積，並欣然接受負面回饋。這部分將在下一章做進一步的說明。

自我效能的陷阱和條件

看到這裡，大家可能會問：只要提高自我效能就行了嗎？只要自我效能高，就能減少壓力和努力、如願達成目標嗎？

當然不是，自我效能也有必須注意的陷阱。

首先，期望必須符合現實。有些人對自己懷著過高的期待，爲了遙不可及的目標無止盡地鞭策自己；有些人則帶著毫無根據的自信，即使過去經驗表示情況並非如此；還有些人盲目地期待未來一定能變成不同的人，最後反而因自我效能低落而失敗。別試圖在短期內完成很多事，或一口氣讓自己徹底改頭換面，因爲這很可能會讓人陷入「錯誤願望症候群」（false hope syndrome，意指「許願—挫敗—再許願」的迴圈）的惡性循環。

第二，如果期望沒有透過行動和努力來實現，那就只是自欺欺人。這雖然是大家都知道的道理，但比起「做得到」的信念，眞正去「做」更重要。當然，自我效能高，確實更能掌握追求目標所需要的行動和方針，執行率也會提高。但自我效能無法保證擁有百分之百的執行力，如果不具備實現目標的具體方法、技術和知識，即使有再多自信也沒意義。

第三，自我效能高的人有時也會誤以爲自己的能力比實際更高。相信「我比大多數人更懂」或「我一個人就可以搞定」，沒有及時請求必要協助，反而會產生不好的結果。

期待造就未來

爲了健康幸福的生活，好好調節自己的行動、環境、想法、情緒是必須的。當我們的想法、行爲和情緒獲得良好調節，所處的環境也能在某種程度上預測和掌握時，人們就會進一步追求更有價値的目標，投身於健康的關係，對生活的滿意度也會提高。

自我效能對於預測未來有重要的作用。自我效能較高的人相信自己在工作、學業、各種計畫和行動等方面都會產生良好結果，因此覺得未來更美好。自我效能也與運動、飲食調節、壓力管理、戒除不良嗜好、積極治療慢性病等有密切關係。

正如前面所提到的，自我效能對縮小意圖和行動之間的差距也能發揮重要作用。無論意圖再怎麼好，也不可能光憑這樣就自動執行。意圖和行動是各自獨立的，即使擁有好的意圖，如果沒有妥善制定計畫，或是雖然計畫很完善，卻未能執行，都會導致目標無法實現。自我效能高的人除了較能根據意圖進行規畫，將計畫付諸實現的比例也比較高。

那麼，最後只剩一個問題：如何提高自我效能？自我效能低的人往往會爲了逃避挑戰或艱困的課題，難以透過直接經驗學習；而沒有或少有成功經驗，表示難以獲得提升自我效能的機會。在這種情況下，該如何嘗試改變呢？該如何從多不勝數的錯誤與失敗中，改變自己對現況的解釋與對未來的期望？我們翻開下一章來看看吧！

第八章

如何充分利用失敗和失誤——心態

即使遇到挫折，隨著時間的推移與環境變化，
你很可能會再次找到成長和發展的力量，
這就是成長心態。

想做好一件事，就要多嘗試；做得多，當然錯得也多，除非你什麼都不做，才不會出錯或失敗。我們可以從孩子們身上看到這一點。如果對他說：「你做得好！」他就會更願意做，也做得更好；如果對他說：「你不可能做到！」他就會漸漸變得不想做，也不願意做，到最後眞的做不到。

當然，每個人學習或理解事物的能力都不同，有些人學得很快，稍微練習一下就能很熟練；也有人必須比別人努力好幾倍，才能勉強跟上。但我們是否也曾如此：明明是因爲缺乏經驗、練習或努力而做不好，卻直接拿「能力不足」當擋箭牌，掩飾自己輕易放棄的事實？

前面提到，自我效能低會讓人容易失敗，使得行動力降低、害怕挑戰，結果變成惡性循環。若想切斷這個惡性循環，該怎麼做才好呢？

堅持到底的力量

人人都希望成功，都想把事情做好，不必白費功夫或浪費時間就能得到想要的成果更好。沒有人希望自己做什麼都失敗，但很少有人能如同渴望成功般，有力量承受挫折。

想到未來，有人覺得明朗有活力，也有人感覺一片黑暗、恐懼，或是覺得前途茫茫、模糊不清；有時也會擔心自己不會做、做不好、得到不好的結果。隨著年齡增長和經驗累積，我們在心理上會變得從容、擅長反思，但因爲舊傷口癒合不良而產生恐懼、功能退化的情況也不少。這種心態不但會讓行動範圍縮小，視野也會變得狹隘，陷入一成不變的思維和行爲模式。**我們如何看待生活，絕大部分取決於自己如何理解錯誤、失敗、逆境和挫折。**「對過去經驗的理解就是對未來的預測」，依看待事物的角度不同，若說每個人都活在自己的世界裡，可是一點都不爲過；而心態（mindset）就是對自我理解和預測的核心。

人到底會不會變？

大家對自己的性格或能力有什麼看法？認爲它們在一定程度上是固定的或很難改變，還是覺得會隨著學習和經驗而變化？史丹佛大學心理學家卡蘿・德威克（Carol Dweck）長期研究這些信念差異對實際生活的影響，並將前者稱爲「固定心態」，後者則稱爲「成長心態」。過去三十年的研究要點如下：

一、**兩種心態會引導人們走向不同的目標**。擁有成長心態的人將人生視爲前進的過程，喜歡享受新的挑戰，偏好透過學習發展並提升自己的目標。擁有固定心態的人則相信人類不會輕易改變，認爲個人的能力和特質大致上已經固定了，因此他們習於判斷自己或他人的能力優劣，重視當下立即被認可與肯定的感覺，傾向於選擇以結果爲導向的目標。

二、**當事情不如意或面臨難關時，兩種心態分別會產生不同的解釋和情緒**。有成長心態的人會把焦點放在學習上，即使經歷大大小小的困難或失誤，也會視爲學習的過程。固定心態者一旦遇到挫折，往往會認爲是自己或他人的能力不足，或是其他本質上的問題而導致失敗，情緒很容易受到影響。

三、**心態可透過教育和訓練來改變，改變後的心態也會隨時間推移而維持，爲未來帶來正面效應**。比方說，相信個人能力與智力並非固定不變，專注於追求進步和潛能開發的心態改變計畫，已證明對於提升學生課業成績有很好的效果；以改變性格爲重點的計畫，對於容易在人際關係上遭遇困難的人，具有減輕人際焦慮、攻擊性與壓力的效果。另外，透過指導、研討會、課堂學習來擴張成長心態的人，不僅在學業、工作、人際關係上有正向效果，在健康管理方面也有好的改變。

心態與未來

人們看待未來的觀點同樣會依心態而有所不同。固定心態者認爲個人的特質、能力、行爲不會輕易改變，因此覺得未來和現在沒有太大差異。成長心態者則相信隨時間推移，各種新的經驗會讓人產生變化和發展，並認爲每個人的未來都會與現在不同。即使經歷相似，也會因爲不同的思維模式而對事物有不同的理解，賦予不同的意義和價值，產生不同的決定和行動。

心態受環境的影響很大。個人的信念很容易受到所屬社會的信念影響，當家庭、學校、職場等環境文化更鼓勵嘗試，而不是批評個人成就時，人們就能以更寬廣、更長遠的視角進行學習與發展，而不是囿於眼前的成功或報酬。如果想超越目前面臨的問題和局限，就需要新的想法、動機和自我調節的技術；若想嘗試改變，就要先相信會有更好的未來、更好的自己。

心態不一致也可以

那麼，一個人有可能在某個領域擁有成長心態，卻在另一個領域擁有固定心態嗎？

心態當然有可能因領域而異。比方說，相信智力不會改變，但性格可以改變；認爲創造力很難有所成長，但仍有可能充分開發邏輯思考力。人們有可能在所有領域都保持一致的心態，也有可能在能力、性格、智力、人際關係等範疇上有不同的思維模式；尤其是在特定領域所持有的心態，更有可能預測該領域的成果。研究結果顯示，對行動結果而言，比起整體心態，個別領域的心態更能產生直接影響。

心態並非對個人能力的信念，不是「我做得到」的自信，固定心態也不一定意味著「我只會做這個」。雖然人們認爲自己與生俱來的能力在某種程度上是固定的，但也有人覺得自己就是特別優秀。**心態不是「做得好不好」「有沒有能力」的問題，而是認爲「它能否改變」的問題。**

另外，雖然心態在某種程度上是具有一致性的信念，但也可能根據狀況而短暫地發生變化。比方說，即使是抱有成長心態且不斷努力的人，如果常聽到主管的嚴厲指責，久而久之還是會感到無力。如果任務實在太困難，不管怎麼努力都似乎無法解決，也很可能讓人感覺沮喪，不禁自問：「我的能力只有這樣嗎？」並懷疑這次受挫後還有沒有可能再站起來。但即使在這種情況下，擁有成長心態的人仍能隨著時間過去與情況變化，再次找到成長與發展的可能性。

話雖如此，**並不表示「最好放棄固定心態，擁有成長心態就好」，它們也不是非黑即白的二元對立**。在工作中，如果覺得自己某項能力有所欠缺，應理解爲「相對權重」的差異，例如「這種能力可能有四成得靠天分，另外還有六成可以靠努力」。心態不是只能二選一，把它們視爲同一道光譜上的兩端可能比較恰當。

心態不同，目標也不同

另一方面，目標或願望也取決於你的心態。

相信一個人的能力在某種程度上是固定的人，更習於評價自己和他人的能力。每當遇到新的任務，會先考慮憑自己的能力能否完成，導致容易迴避或放棄自認爲做不到的事。比起接受挑戰、重新學習，他們更重視不因失誤或犯錯而暴露出自己能力上的不足。

相反的，那些相信任何人都能透過學習提升能力的人，不會輕易評價自己和他人，就算遭人批評也不會太在意。因為他們不認為能馬上做好的任務會帶來什麼壓力，所以也不會費勁向他人展示能力並希望得到認可，而是更傾向於把心力放在未來想成為的人身上。

關於心態對學生課業的影響，學界已進行了大量研究：擁有成長心態的學生會把焦點放在學習本身，因此接受挑戰、積極投入學業的動機較高；而固定心態的學生較重視成績，遇到難度高的問題容易放棄或消極面對，學業成就相對較低。

由於能力具有可變性，若相信學習能讓自己做得更好，就更有動力去學習；但如果認為能力高低因人而異，發展也有限，那麼比起學習動機，會更想隱藏自己的弱點和能力水準。因此，就算有新的學習機會，具有固定心態的人也會因為心理壓力而無法充分利用。

此外，過度自信的固定心態者為了維持良好的評價，更容易逃避挑戰，選擇相對容易、熟悉的事情做。刻意凸顯某些能力以取得良好評價的結果，不但沒有成長，自己也很難進步。只有誠實面對，遇到困難時既不逃避也不否認，並以開放的心態接受，才能以更靈活的態度學習，獲得新的發展。擁有成長心態能讓你以更現實的態度看待自己的能力，而不是誇大它們。

成長心態者更能從容應對失誤

有固定心態的人常認爲，學業或工作表現不佳，代表自己能力不足。他們感到沮喪，是因爲覺得「自己頭腦不好」或「實力不夠」，所以只能做到這種程度。另一方面，具備成長心態的人相信，只要努力學習與工作，自己就會進步，因此即使遇到難題，也不會輕易受挫或放棄。一項以觀察大學生的心態與自尊和成績變化的研究發現，隨著時間推移，固定心態者的自尊會比成長心態者更低。這項差異與成績和過去的自尊程度無關。主要是因爲固定心態者會將當下的失誤或挫折視爲自己本身的失敗，並覺得它會一直持續下去。成長心態者則相信，就算現在遇到困難，仍有成長和發展的可能性，因此不易受到一時的結果影響，而有力量和動機繼續嘗試和學習。

爲什麼會出現這種差異呢？

神經科學目前仍無法充分解釋這一點，但在大腦錯誤處理（察覺錯誤並糾正的過程）的研究中發現一件事：當研究人員使用事件相關電位（event-related potential, ERP，因某一事件所導致的腦波電位變化）觀察成長心態和固定心態的差異時，發現有成長心態的受試者中，錯誤正波

（error positivity, Pe）的振幅十分顯著。

錯誤正波是一種大腦訊號，代表有意識地分配對失誤的注意力，其振幅越大，表示在識別與應對錯誤方面的表現越好。由此可說明心態與從失誤中恢復的能力有關。具有成長心態的人之所以能從錯誤或失敗中學習，不僅是因爲積極、開放的態度，更直接的原因是有能力即時認知並關注失誤。同樣的，固定心態者習慣迴避或不易察覺錯誤，似乎也與大腦活化程度較低有關。

整體說來，在意識到並分配注意力糾正錯誤的過程中，具有成長心態的人比固定心態者更靈活熟練。不過目前相關研究還很少，難以深入探討因果關係。如果能再進一步研究，揭示資訊處理在這兩種心態中如何形成差異與認知過程的不同，相信可以發現更多事實。

成長心態與自我效能的加乘作用

前面曾提到「如何提高自我效能」這個問題，現在來到了第八章，大家有辦法猜到答案嗎？

沒錯，答案就是成長心態。**心態與自我效能直接相關，因爲它們都是基於對自己的信任，是關於自己的預測**。當事情進展順利或執行過程簡單時，心態的差異並不明顯；但如果遇到資源不足、環境惡劣、任務本身難度較高的情況下，錯誤和失敗必然會增加，我們的態度和理解方式就會對事情帶來很大的影響。

強化從失敗中學習的成長心態，也能提升自我效能。雖然遇到困難，但堅持到底、完成任務的力量也會增加。因爲對自我效能影響最大的，正是直接經驗；即使初期表現不佳，只要繼續下去，就能累積經驗，學會自己才知道的訣竅。堅持到底的力量則來自你能承受多少錯誤、失敗、困難和考驗，以及從中學到什麼。只要下定決心，將自己的所有經驗都掏出來做爲學習資源，那麼無論做什麼都不會是白費時間，一切關乎我們如何看待事情、有沒有心學習。

西北大學心理學家丹尼爾．莫登（Daniel Molden）的研究小組從各方面研究心態對自我調節的影響。研究人員提出問題要求受試者解決後，發現比起擁有固定心態的人，擁有成長心態的人因認知努力而感受到的疲勞感相對較少，中斷努力或迴避的傾向也較低。

研究人員解釋，這是因爲心態影響了計算努力成本和報酬的方式。難道這是在說，即使做同樣辛苦的事，有成長心態的人也不會覺得辛苦？不，應該說，就算進行同樣難度的工作，成長心態者也會覺得「沒那麼辛苦」。在成長心態下，對努力的觀點和態度有助於自我調節，也更能花較長時間面對困難的任務或挑戰。莫登教授主張，透過教育和練習培養成長心態，可以間接提高自我調節能力。

一言以蔽之，**心態就是「如何接受並解釋困境帶來的不便」**。如果覺得這是威脅（固定心態），錯誤或失敗就會被當成負面結果，導致自己放棄目標；但如果視為學習和成長的機會（成長心態），那麼在朝向目標前進的旅程中，失誤就是理所當然的必經之路。因此，在累積經驗的同時，注重學習和發展的成長心態會讓自己更有優勢。

要培養成長心態，不需要大量的教育或了不起的訓練。比方那些在困境中依然不放棄希望、持續開拓人生道路的人們，或是訂定自己的目標和策略，堅持執行並獲得成長的人們，只要多看看這些人的故事，就能培養成長心態。另外，也可與同事、朋友互相激勵和分享，共同建立成長心態。如果你是喜歡跟朋友一起做事的人，請制定好目標和計畫，並與朋友共享。當你們看著彼此的進步時，可以把焦點放在成長心態上進行對話。例如，與其說「你好像不是很擅長做那個」，不如多說「你會越來越進步」或「你絕對不會放棄成長」之類的話。遭遇錯誤、失敗、挫折和磨難時，則以「我們可以從中學到什麼？」的思維互相鼓勵。

第七章的自我效能、第八章的心態，都是與模擬和預測未來我相關的內容，這些概念也與自我調節有關。在最後的第九章裡，我們將介紹自我調節的方向，以及可做為標準的優先事項。

任何人都有可能光說不練，當然有可能是因爲條件不允許，但大部分都是因爲沒有明確的優先順序而不知如何行動。**只有當優先事項與自己的價值觀相符時，才能順利採取行動。**人們常因爲同時追求太多目標，而忘記這項基本原則，有時還會因爲互相衝突的目標導致混亂。優先事項越少越好，不要太多，因爲這關係到對自己而言很重要的核心價值。對於「我不知道自己想要什麼」的人，不妨回顧一下自己過去的經驗，想想那些過程，可能就會找到一些有關方向的線索。

第九章

自我調節的方向與標準——優先順序

有沒有哪些優先事項能守護你、
不至於被生活的急流捲走？
只有整理好追求價值的優先順序，
才能制定適當的目標。

目前為止，我們已經看到對未來的想法會如何影響現在，而對過去和現在的解釋也會影響未來的行動。制定計畫時，我們有時會考慮到遙遠的未來，但面對眼前的現實問題，仍有很多被擱置或遺忘的計畫。無論物理上或精神上，資源都是有限的，但需要慎重思考再行動的事卻不斷發生，到頭來，我們往往記不得最初的夢想、最重要的事，覺得自己沒有任何目標。

即使遭遇困難和痛苦，如果自己有明確的標準，例如「我正朝著目標前進」「人生在世，最想守護的就是這個！」「不管別人怎麼說，這對我來說意義非凡」等，就能做出更好的選擇並實踐；即使在沒有餘力思考或難以謹慎決斷的瞬間，優先事項也能成為從遠處照亮前方道路的燈塔。

在工作或人際關係等領域中，危機通常是重新設定「優先順序」的訊號，因為這暗示你的優先事項在順序上出了問題，需要改變。如果仔細解讀信號並重新設定，危機就會成為朝著更好未來推進的機會；若無視訊號或迴避，日後就會成為無法填補的巨大漏洞。

什麼樣的優先事項能保護自己不被生活的急流捲走？接下來，我們將看看該如何讓自己的優先事項變得更明確，並確保與自己的目標一致。

爲什麼要設定優先順序？

我們生活在一個隨著網路和智慧型裝置快速發展，任何資訊都能立刻取得的時代，知道如何並眞正獲得自己想要的東西並不難，但我們卻無法透過搜尋了解「爲什麼」；就算問身邊的人，也不知道答案。

沒有人告訴我們生活中什麼才是眞正重要的，哪些又是沒那麼重要的，必須透過經驗親自了解。爲了提升對生活的滿意度，並根據目標進行自我調節，首先必須整理好優先事項的順序。容易受群衆心理或集體思維影響時，優先事項能幫助你穩定自己的內在，就算當下遇到困難，也能從遠處瞭望、找到方向。

人類有種傾向，就是爲了追求某項事物而不斷採取行動。如果不依照自己的價値觀優先考量對自己來說重要的事，就只能追求一時的快樂與利弊，無法有其他選擇——喜歡就靠近，不喜歡就避開，不斷重複相同的模式。因此，儘管自己一直在努力做些什麼，但某天驀然回首，卻發現自己似乎什麼願望都沒有實現，有種白費力氣的空虛感。

這種時候往往會讓我們開始懷疑學校沒教、公司更不會教的「生活目的」或「意義」，並試圖從閱讀、上課或與專家對話來發現並理解自己。諸如「我生命中最重要的是什麼？」「我爲什麼要做這件事？」等問題，是促進自己發現主觀價値的重要關鍵。當你發現自己必須做出選擇時，尤其是在遭遇困難或資源不足的狀況下，優先順序將是至關重要的標準。

第一章爲各位說明了該如何減少後悔，但其實還有個非常簡單的方法，那就是根據優先順序的一致性進行選擇。比方說，自己生命裡有幾件優先事項，順位分別是一、二、三，這時我們要思考的，是待選擇的選項中，有哪一項是與優先事項或順位相符的。無論這些選項看起來有多美好、對自己多有好處，如果無益於優先事項，甚至會造成妨礙，那就不該選擇它。隨著時間推移，最初的想像和期待感必然會逐漸減少，當意想不到的變數陸續出現，就會發現很多時候事情並不如當初所想那麼順利。然而只要是符合優先事項的決定，就算要放棄一定程度的利益和快樂，至少可以減少後悔的程度，且不至於影響自己的生命。

沒有人能事事兼顧

當然，優先事項有可能改變。它會根據年齡、職業、遇見的人與身處環境而有所不同。

定期檢視自己的優先事項與價值觀是個不錯的辦法，尤其當自己必須在變化多端的環境中迅速做出決策時，有一套清楚明確的優先事項排序，就能減少選擇後才反悔的狀況。

舉例來說，優先事項通常會包括這些面向：工作／職涯的成功、滿意的人際關係、休閒和興趣、身心健康、社會認可、宗教信仰、內心平靜、愉悅與趣味、經濟穩定、政治參與、學習成長等。

除此之外，還有很多不同的價值觀和優先順序。比起抽象且龐大的範圍，具體而微的領域更好。例如，與其說自己想「進入一家好公司」，不如具體列出心目中「好公司」應具備的條件。因爲如果只進行前面提到的高層級解釋，很可能會發生這種事：進入這家公司，是因爲它擁有很棒的未來展望和組織文化，但每天來回要花三個小時通勤，反而讓人失去上班的動力。若忽視現實的可能性或條件，無論做出什麼選擇，都很難貫徹到底。

再舉個例子，與其抱持「關係很重要」的抽象想法，不如具體對自己說明哪些關係很重要。在家人、戀人、朋友、同事、上司部屬、社區鄰里的各種關係中，思考哪些是必須優先花時間和努力去培養的；當然，能關心所有人、對任何人親切以待是再好不過的，但實際上要做到這一點並不容易。

另外，有些人會輕易說出像「聽我說話、同理我的遭遇有那麼難嗎？」之類的話，但事實上並沒有想像中那麼簡單。我們常對同理他人望而卻步，有時是因爲擔心自己捲入麻煩或收到會造成負擔的請求，但從根本上來說，其實是因爲同理本身需要付出相當大的認知努力，而這也是需要設定關係優先順序的理由。

我們的能力和資源是有限的，如果想把所有事情都做好，最終反而會讓我們錯過重要的事物——認爲什麼都重要的人，可能並不知道對自己來說眞正重要的是什麼。如果各位對價值觀和優先順序還沒有什麼想法的話，下一節介紹的方法或許會對大家有幫助。

找尋對自己而言更重要的事

步驟一、選出十個「我的代表詞」。

在圖表四的二十八個詞語中選出十個「最能代表現在的我」或「對現在的我很重要」的詞語。不是選自己想培養的，也不是挑最需要或最想要的，而是與現在的我最「接近」的詞彙。

步驟二、歸類。

剛剛的二十八個詞語分列在圖表五的四個象限中，請看看自己剛才選的十個詞分別位於哪些象限。

步驟三、選出類別。

在這十個詞語中，位於哪個象限的最多？

在圖表六中，橫軸代表自己關注的焦點，縱軸則代表重視的價值觀。如果自己所選擇的語詞大多落在右上角的第一象限，表示追求的是偏向個人方面的理想價值；如果大多落在左上角的第二象限，表示追求的是人際關係上的理想價值；如果大多落在左下角的第三象限，代表追求的是人際關係上的現實價值；最後，如果大多落在右下角的第四象限，則表示較重

穩定	挑戰性	現實	有創意	富有同理
有勇氣	有彈性	細膩	富有成效	支持
可信賴	獨立	體貼	自由	可敬
公平	成就導向	自制	慷慨	直截了當
親切	成長	有禮	誠實	合作
感恩	利他	善於解決問題		

圖表四．我的代表詞

視個人方面的現實價值。

大家會優先考慮哪些價值觀？獨立？富有同理心？可信賴？還是穩定？

當然，不一定非得由某個象限占優勢，也可能會以六：四，或四：三：三的比例平均分布在不同象限中。這項測驗最初是在二〇二二年九月，以韓國兩百名三十到五十歲的成人爲對象，透過兩次線上問卷調查，針對八十個詞語進行分類的結果。這裡只列出了最常被選出的詞語。

當你釐清自己所追求價值的優

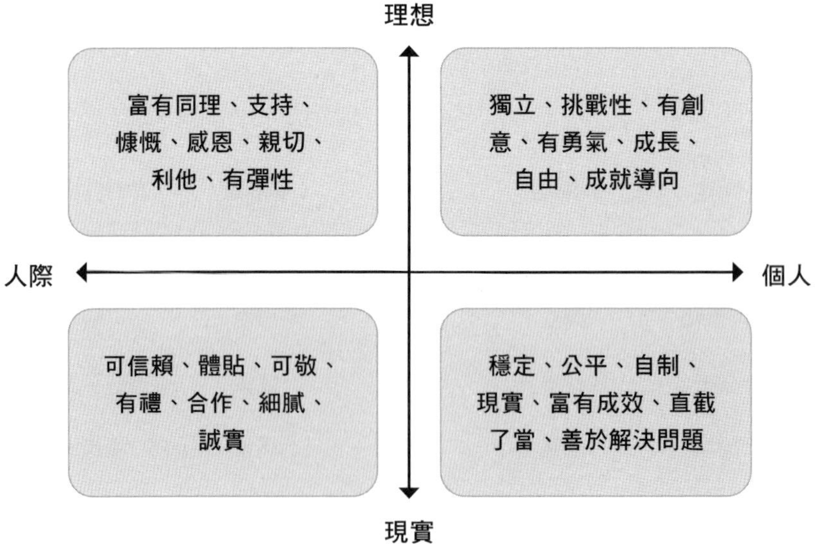

圖表五・分屬四個象限的代表詞

先順序後，就能適當地設定目標。

比方說，追求個人方面現實價值的人，往往對集體主義帶來的責任不清或不合理很敏感。這樣的人不喜歡拐彎抹角的說話方式，也不喜歡組織因種種考量而做出的不透明決策。他們重視公平的流程和明確的回饋，適合在可明確畫出界線的環境中工作。

另一方面，若是追求人際關係上的理想價值，必須把目標設定在與其他人一起成長的方向上，才能獲得實踐的動機。如果常常得靠自己一個人計算或分析某件事，反而很難找到意義。只重視實用性的文

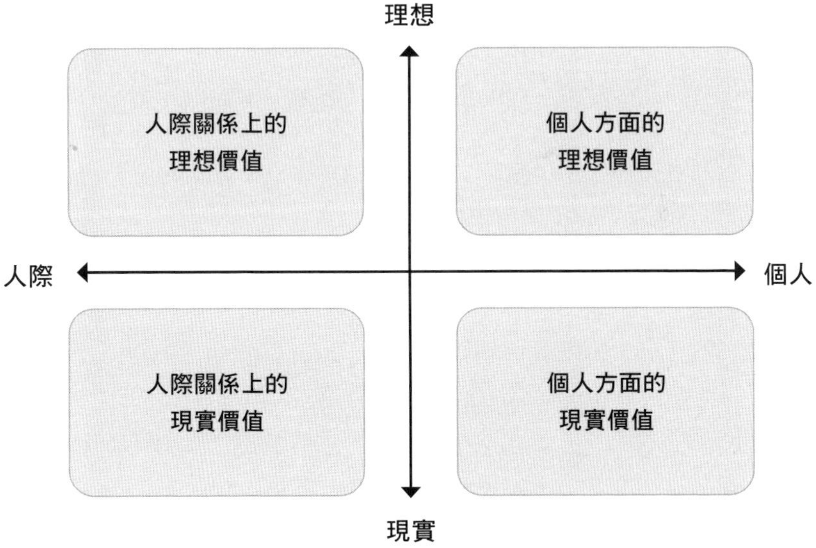

圖表六．四個象限所代表的價值

化也不適合這樣的人。這不是哪種價值觀比較優越的問題，重要的是當自己追求的價值觀和現狀有較大差異時，對生活的滿意度和動力也會下降。如果發生這種狀況，最好能找出補救的辦法。

設定目標的方法

一旦確定了價值觀的優先順序，就可以設定與它們一致的目標。目標經常會引起壓力，依自己的能力或情況不同，人們有時會覺得設定較高的目標是一種挑戰，但有時會視爲一種威脅。因此，**制定目標時需要考慮三件事：提出方式**、**難度**、**方向**。

首先是提出方式。在一項研究中，受試者分成兩組，分別接受「挑戰性」和「威脅性」的情境說明：

挑戰性說明：「接下來，各位將進行在前一批參加者中只有一五%成功的任務。最後將選出得分最高的五個人。」

威脅性說明：「接下來，各位將完成在前一批參加者中有八五%都失敗的任務。最後將選出得分最低的五個人。」

面臨難關時，挑戰組的表現會比威脅組更好。即使彼此的能力差不多，將目標視爲威脅的人，其成功率仍比將目標視爲挑戰的人低。如果領導者提出過高的目標，不斷施壓，對難以避免的失誤給予殘酷的批評，就會讓所有人都感受到威脅和負擔。

因此，即使是同樣的任務、同樣的目標，根據提出方法不同，也會帶來不同的體驗。比方說，被告知「十題裡要答對八題」的人，成績多半會比被告知「十題裡最多只能答錯兩題」的人要好。**以負面陳述設定目標時，會讓人們難以將注意集中在任務上，因爲負面陳述會引發對失誤的潛在焦慮和羞愧感**。換言之，即使是相同的目標，也會因爲提出或接受方式的差異，讓人產生不同的感受。一般來說，**比起「避免負面狀態」的目標，「走向積極狀態」的目標能帶來更好的成果**。

接著是難度。過度或不當的目標會加重壓力、製造負擔；設定良好的目標則有降低不確定性、減少壓力的效果。如果自己的優先事項順序很明確，因模糊不清而感受到的不安就會減少，更能專注於任務，獲得更好的表現；尤其是當目標確定且具體，不是像「盡最大努力」這種含糊不清的描述時，所獲得的成就更好。

另一方面，目標的方向性也有影響。**成就目標是對結果的評價，焦點在於「是否達成目標」；學習目標則著重於「發現並執行與課題相關的策略或程序」**。面對全新或複雜的工作，設定學習目標會比較合適；但對於已具備正確執行所需能力的事，學習目標反而會降低績效，所以設定以成果爲中心的成就目標比較恰當。

捍衛目標的方法

在確定和追求目標的過程中，非目標的東西會自然被排除在外。當我們專注並致力於一項主要目標時，有時會疏忽或忘記其他目標。人類的注意力和精力是有限的，因此需要自我調節、避免分心，才能始終如一地追求目標。從大腦的角度來看，無論注意力停留在哪裡，都會消耗思維或情緒等資源，因此注意力管理，就是資源的管理。透過收回或抑制對其他非優先目標的注意力以保護優先目標，也是自我調節的重要面向之一。

這種對目標的保護發生在潛意識層面，不需要特別運用意識資源。我們越聚焦於目標，抑制和阻斷非目標事物的能力就越強。由於這項行爲會直接或間接地影響我們日常的能量分配、注意力的選擇與集中，以及自己的決策和行動，因此無論是組織或個人，爲了有效使用有限的資源，正確設定並堅決捍衛目標，可說是比什麼都重要的事。

好的目標，能創造好的生活，但什麼才是好的目標？

好目標？壞目標？

我們先看看什麼叫「不好的目標」：

一、抽象模糊。
二、遙不可及，無法實現。
三、不知道時間長短，也未訂定期限。
四、就像「讓我們盡最大努力」一樣，難以確認自己是否實現目標。

只要符合以上任何一項，就表示這個目標還沒設定好，必須修改，以確保它是具體、可實現的，並規定時限。不過就算這四個方面都完備，仍無法稱這個目標「夠好」，我們還需要確認是否具備能使它順利運作的以下要素：

一、應能具體掌握是否達成目標。

「我如何知道自己有沒有達成目標？」

二、要定期監測執行過程。

「如何知道自己時時刻刻都朝著目標前進？」

三、充分具備該領域的知識和技能。

「我知道如何達成那項目標嗎？」

四、如果能同時具備自我效能和成長心態就更好了。

「是否相信只要學習再加上足夠的練習，就能做好？」

看見目標與現實之間的距離

明確整理出自己的優先事項和目標後，接下來要做的，是找出會妨礙目標實現的要素、條件、言論和行爲習慣等。在第三章中，我們探討了心理對照的效果，知道若能生動地想像出自己期望的狀態（即目標），並與目前的狀況進行仔細的對比，就能更清楚地看到理想與現實之間的差距，也能找到縮小差距的方法。只要持續進行心理對照練習，不但能讓動機更持久，行動力也會提高。

目標大多需要一定的時間才能實現，這表示我們必須把眼光放遠，妥善訂定計畫，並按計畫執行。問題是，要做這樣的長期規畫並不容易，就更別說要經常練習心理對照了。爲什麼呢？在該領域進行研究的心理學家們認爲，原因可能包括以下幾項：

一、未來不是眼前的現實，因此無法產生直接與切身的感受。
二、光是處理現在的事就已經夠吃力了。
三、思考將來的事是一項很大的負擔。

四、關於未來的思考不會自動發生，必須付出認知努力。
五、為未來而採取的行動，像是教育、職涯、儲蓄、投資……會排擠使用於現在的資源，例如金錢、時間和精力。

想拯救未來的我，就得將「未來我」一直放在心上。但由於長期觀點不易保留，使得人們往往迴避或忘記自己的目標。爲了克服這種現象，接下來請大家一起回顧目前爲止所討論過的內容。

遇見未來的你

拯救未來我的旅程

①模擬五年後、十年後的自己。（參考第一章）

②想想自己那時的心情和臉上的表情。（參考第二章）

③將自己期望的理想未來與現在的情況進行對比，越生動細緻越好，並發現其中的差異。（參考第三章）

④決定要對哪些事減少心力，要對哪些事多努力。（參考第四章）

⑤設計環境，好讓符合長期目標的行為自動發生。（參考第五章）

⑥自己想做什麼？怎麼做？為什麼那樣做？（參考第六章）

⑦想清楚自己想擅長的事，了解該如何做好，觀察榜樣並進行模仿學習。（參考第七章）

⑧整理過去的失敗或挫折，找出意義，並記下自己學到了什麼。（參考第八章）

⑨定期（例如每年或每月）整理自己的優先事項及順序，檢視目標與優先事項及順位是否保持一致。（參考第九章）

後記

名爲明天的房子

當事情無法順利按計畫執行時，人們都會覺得也許是自己意志不堅或內心不夠強壯害的；一旦覺得自制力不如預期，就會想往外尋找答案：人們上課、看書、力求培養「鋼鐵般的意志」或「心靈肌肉」，好讓自己能不受情緒影響，穩步前進；一聽到別人說「你現在的問題在於缺乏〇〇」，便立刻想方設法地去學，好補足自己的能力。我們拚命尋找自己身上的弱點和缺陷，渴望塡補它們，但這些方法反而讓我們看不見眞實的自己。

如果你其實已經擁有需要的一切，你會怎麼做？如果你明明擁有需要的一切，卻因爲無法妥善建立連結而難以使用，你會怎麼做？透過講座、培訓和諮商，我接觸到了許多人，也發現眞正了解自己的人少之又少。我們明明沒那麼了解自己，卻因爲事情發展不如意而討厭自己，粗暴地對待自己。當我們想把成功者身上的優點、自己以外的美好事物全都硬套在自己身上時，反而會迷失自我。

日復一日，我們不斷經歷生活中大大小小的危機與失去。在這個過程中，我們會突然在某個時刻對「自己是誰」感到苦惱，會突然停下腳步問自己：「我真正想要的是什麼？對我而言，什麼才是重要的？」「一直以來，我到底在爲什麼努力？我的人生將何去何從？」但這正是自我理解和整合之旅程的開始。

「我」並不是一個固定的實體。自我是由許多面向組成的，也會不斷變化。過去某個時刻的我與未來的我，都在這個瞬間與自己（實際上是在我們的腦中）共存。只要我活著，我的過去和未來也會栩栩如生地活著。想像生命就像一條長長的線，這條線上的每一個我攜手並肩，團結合作。

過去某個時刻感到疲憊的我、解決問題後找到平靜的我、開心的我、悲傷的我……全都同時存在於這個時空。如果我們能容許並接受這所有的「我」，就沒有任何事能讓我們感到恐懼。即使有部分的你覺得害怕，仍有更大的空間能涵容這些體驗；即使有部分的你覺得自己是失敗者，這個部分也絕非孤獨的，還有其他部分將傾聽這些因指責或批評而來的悲傷故事，給予安慰和希望。

沒有任何情感、欲望、經驗的內容能定義我們是誰——我們遠不只如此。在這廣闊的空間與漫長的旅程中，一切經驗都有可能發生；我們會不斷嘗試，當然也會出錯。我們的內在有許多聲音、部分和體驗，偶爾會碰撞和爭執，產生衝突與混亂，整合這一切的過程，正是我們之所以爲「我」的原因。

最終的自我調節源於對自身的理解和連結。沒有任何人都適用的祕訣，也沒有能打開所有門的萬用鑰匙。透過最直接的生活體驗，我們了解什麼樣的價值和意義才是（對自己而言）重要的，並在各種錯誤和失敗中學習，累積對自己的信任。

如果目標看起來很虛幻或不切實際，請以心理對照進行確認。如果事情無法如想像般順利進行，很可能你的內心深處並不相信這項目標，或者那根本就不是你想要的。這時，請回顧過去的經驗，看看自己對哪個時刻最有共鳴？做什麼事會讓你覺得很有意義？

請問問未來的自己：十年後的你認爲什麼是重要的？當未來的你看到現在的自己時，會有什麼感覺呢？

沒有獨立存在的未來，因爲有部分的我們早已活在未來；而過去和未來的自己也都存在於當下。未來就是現在，現在我們所思考的事情，即是未來的預視；現在我們所做的事情，也將成爲未來的現實。如果你的未來取決於現在所看到的事物，你想看到什麼？**每一天都是**

一次機會，一個好好照顧自己、加深對過去的理解、創造更美好未來的機會。正如亞伯·里歐斯（Alberto Ríos）的詩〈名爲明天的房子〉中的句子：

我們可以建造一座名爲「明天」的房子，
帶進來的一切，都將成爲新的一天，新的每一天。
那就是我們。我們所需要的
就是開始。那就是爲了繼續前進所需要的
必要時回頭凝望
然後走向你要創造的歷史。

謝詞

幾年前出版《閱讀內心的時間》（原書名：《내 마음을 읽는 시간》）後收到了幾封信。多虧了這本書，讓我遇見許多「更了解自己」「獲得安慰」的人。雖然心裡很感激，但總覺得沒能涉及實用的策略和自我管理技巧等內容，實在是件很可惜的事。本書可說是對上一本書的回應。若說《閱讀內心的時間》是以母親的心情所寫，那麼這本《拯救未來的我》就是以父親的心情而寫（笑）。

我們永遠不知道現在努力學習和掌握的事物，什麼時候才會開花結果。因此即使覺得現在有什麼不足、不滿，也別給自己太大壓力。就算目前的生存之道愚蠢幼稚，卻有可能是幫助自己度過此生唯一且最好的方式。

每次寫完書，我腦中都會浮現許多值得感激的人。首先要向The Quest出版社的朴允祖部長（音譯，以下同）表示感謝，他帶領我從一本書的種子、根、莖、葉仔細觀察並完成它。他是最棒的編輯，能讓作者做到他們原本做不到的事。感謝Organoid Science代表柳鍾萬，特別給我機會從近距離觀察企業所面臨的各項挑戰和困難。

感謝懷抱著真心誠意的讀者：韓文賢老師、朴慧媛老師、劉敏貞老師、朴侑賢老師、朴正元老師、黃慧娜老師、金冠英老師、李慧琳老師、金方美老師、李英林老師、李正林老師、高勝妍老師、李嘉熙代表、徐敏京代表、許世玉院長，謝謝你們。

透過出版工作，我也遇見了一群珍貴的朋友和同事：柳永浩部長、朴昌欽代表、朴熙妍代表、金明淑代表、桂秀姊姊、美延姊姊、基正、利賢，謝謝你們。尤其感謝每次出書時，都會多買幾本送給熟人的AAA姊姊（笑）。

此外，也向讀完本書草稿後給予建議的聖熙和珠兒表示感謝。感謝養育及陪伴我的父母和家人。最重要的，是不斷提供仍不夠成熟的我成長機會的恩師，同時也是我的人生明燈——允珠，在此致上深深的感謝和愛。

Eurasian Publishing Group
圓神出版事業機構
用心與你對話．視野無限寬廣
究竟出版社
Athena Press

www.booklife.com.tw　　reader@mail.eurasian.com.tw

心理 085

拯救未來的我：減少後悔、提升行動力的自我調節心理學

作　　者／邊池盈（변지영）
譯　　者／馮燕珠
發 行 人／簡志忠
出 版 者／究竟出版社股份有限公司
地　　址／臺北市南京東路四段50號6樓之1
電　　話／（02）2579-6600．2579-8800．2570-3939
傳　　真／（02）2579-0338．2577-3220．2570-3636
副 社 長／陳秋月
副總編輯／賴良珠．李宛蓁
責任編輯／林雅萩
美術編輯／金益健
行銷企畫／陳禹伶．林雅雯
印務統籌／劉鳳剛．高榮祥
監　　印／高榮祥
校　　對／林雅萩．柳怡如
排　　版／杜易蓉
經 銷 商／叩應股份有限公司
郵撥帳號／18707239
法律顧問／圓神出版事業機構法律顧問　蕭雄淋律師
印　　刷／祥峰印刷廠
2024年4月　初版

定價 340 元　　ISBN 978-986-137-440-6

一想到過去，眼前的現在就會被遺忘，
能好好活在當下的時間自然也會減少；
已逝去的現在累積成過去，又導致後悔的總量逐漸增加。
荒蕪的現在，讓未來變得更黯淡；
對黯淡未來的擔憂，則使當下變得更脆弱。
除了自己，沒有人會告訴我們「出發吧，這樣才會成功」。
如果只是等待別人伸出援手，無疑是白白浪費時間。

——鄭道彥，《佛洛伊德的椅子》

國家圖書館出版品預行編目資料

拯救未來的我：減少後悔、提升行動力的自我調節心理學 /
邊池盈（변지영）著；馮燕珠 譯. -- 初版. -- 臺北市：
究竟出版社股份有限公司，2024.4
208 面；14.8×20.8 公分 -- 心理；85）
譯自：미래의 나를 구하러 갑니다
ISBN 978-986-137-440-6（平裝）

1.CST：自我實現　2.CST：自我肯定
3.CST：生活指導

177.2　　113002106